高秉權《コビョングォン》

哲学者と下女

日々を生きていくマイノリティの哲学

今津有梨 訳

インパクト出版会

철학자와 하녀: 하루하루를 살아가는 마이너리티의 철학

고병권

This book was published under the support of Literature Translation Institute of Korea (LTI Korea).

哲学者と下女　日々を生きていくマイノリティの哲学

目次

日本語を使用する読者たちへ

本とは宛先なしに書き送った手紙のようなものではないかと思います。何よりこの本を書いていた時のわたしの心がそうでした。ひと月に一編ずつ、匿名の読者に手紙を書く気持ちでこれらの短い文章を綴りました。確かにだれかが読んでくれることを願って書いたものではありますが、だれでもいいから読んでくれというように書いたのではありません。わたしが思いを分かち合いたいだれか、けれどもわたしがあらかじめ知ることのできないそのだれかが読んでくれたらという気持ちで書きました。しかしそのような「だれか」はいつも「だれしも」の内に在るために、人はこうして本を開くのではないかと思います。

この本を日本語に翻訳するという話を聞いた時、わたしはこれまでわたしが想像してきた読者たちが十分に匿名ではなかったということに気づきました。彼らはみなわたしが本を書いた言語でその名を呼ばれる人々なのですから。わたしが書く言葉に、そしてその言葉が要約する経験の数々に慣れ親しんだ人々ということです。だからこそわたしは言葉に対するどんな疑いもなしに語ることができ、特定の事案に言及するときには「あなたもご存知のとおり」といった文句を暗黙に前提することができました。

今になって翻訳について頭を悩ませる人々がこれまで投げかけてきた数々の問いの重みを実感します。いったい異なる言語を使用する人々に言葉をかけるということはどんなことなのでしょうか。異なる文字を使用する人々に送る手紙とはどのように読まれるものなのでしょうか。思惟とは言語の軌道上でのみ動くと言いますが、言語を乗り換えるとき、思惟にはいったいどんなことが起きるのでしょうか。

この本はいま、言語の国境を越えようとしています。国境においては法（文法）の効力がしばし消え去ります。思惟はここでおそろしい暴力を被ることもありえ、言語を乗り換える過程で数多くの非合法的な思惟、未登録の思惟に巻き込まれることになるかもしれません。わたしは翻訳された本のこの不可避な運命を不幸なものとして考えはしません。むしろ、そこにある期待をかけています。わたしが「だれか」から受け取った答信がわたしが送った手紙以上のものになるなら、それは許可なく乗り込んだものたちのおかげなのですから。わたしがここに書き綴った些細な物語の数々にどれだけ多くのものが乗り込んでくることになるかはわかりませんが、だれかがわたしに考えを聴かせてくれるならほんとうにうれしいことに違いありません。

二

この本を書いていた時、わたしが悩んでいた問題のひとつをお教えしたく思います。韓国では人文学がいつからか非常に相反した風景を演出するようになっています。一方ではとんでもないヒット商品になっていながら、他方ではまったく商品性のない古臭い時代の遺物といった扱いを受けています。テレビでは人文学の講演が放送され、そのおかげでスターになった人文学者もいます。図書館、博物館、文化センターなどで開催される人文学講座には人々が、相当に多くの人々が押し寄せます。けれども大学の人文学はいまにも死に絶えてしまいそうな状況です。人文系学科の定員は縮小され、学科の名前とカリキュラムは市場親和的な形態へと次々と変わっていっています。まことに残念な風景に違いありません。人文学が精神的快楽を提供する単なる人気商品になってしまったことも、そして大学という城砦で孤高にも干からび上がり、死に絶えゆく姿もそうです。前者に従事する人々は後者の人文学を、後者に従事する人々は前者の人文学を嘲け笑います。まことに厳しい人文学に対する冷笑の時代です。

ところでこの本に収められた文章を書いている時、わたしは非常に異なる文脈において人文学を学ぶことにたいする信頼を失って大変な思いをしていました。とりわけふたつの経験が大きな影響を及ぼしました。そのひとつはわたしが「現場人文学」と呼んだ人文学プログラムです。二〇〇七年前後、韓国では在監者、障害者、ホームレス、貧民、性売買女性などの人々とともに行う人文学プログラムが生まれつつありました。興味深くもその年は全国の人文系大学の学長たちがひとつの場所に集い、人文学危機宣言文を朗読した年でもあります。人文系大学学長たちは政府に向かって財政的支援を含む人文学に対するさまざまな対策の促進をうながしました。ところが人文学者たちが人文学に金を投資しろと叫んでいたまさにその年、現場の活動家たちは金ではなく人文学が必要だと声を上げました。ある活動家は『パンと薔薇』という小説の題名をもじって、「パンより薔薇を」というスローガンをかかげました。貧しい者たちにはパンに劣らず、パンを闘い取るための政治的覚醒と実践が必要であり、この点にこそ人文学が大きな役割を果たすことができると考えたのです。ちょうどその折、アメリカにおける在監者たちとの人文学の学びの経験を収めたアール・ショリス の本、*Riches for the Poor: The Clemente Course in the Humanities* が翻訳されました。翻訳者たちはこの本の題名を『希望の人文学』へと変えました。文字通り、人文学においてある希望を見出そうとしたのです。

　ところが現場人文学のプログラムに関わりながら、いつからかわたしには「わたしたちの知に期待をかけても良いものだろうか」という疑問が湧き上がるようになりました。本当に知は生を救うことができるのだろうか。経済的に貧しい上に道徳的に非難を受け、さらには物理的に監獄に閉じ込められている人々に、人文学を学ぶことにはある脱出の希望があると語りかけることが果たして正しいのだろうか。そもそも人文学者たち自身がそれほど立派な生を生きているわけでもないのに、どんな根拠でわたしたちは人文学を学ぶことが生を救うと信じているのだろうか。

　そんな風に考えていた時、もうひとつの経験がわたしの考えを揺さぶりました。わたしは一九九八年ごろから「研究空間スユ＋ノモ」という研究者たちのコミューンで暮らしてきました。「研究空間スユ＋ノモ」は国家や資本の支援を受けない、制度圏の外部の研究者たちの自律的コミューンでした。多様な専攻をもった研究者たちがともに学びともに食事をし、またともに遊びともに子供を育てながら生活を営む共同体でした。コミューンの入り口には「研究空間スユ＋ノモはよい知とよい生を一致させようとする研究者たちの自由な生活共同体です」という文句がかかっていました。この言葉は知行一致、すなわち知と生を一致させるという意味でもあり、生によって表現されることのない知を拒否するという意味でもありました。

わたしは個人的にここにふたつの意味を付け加えました。わたしはこの言葉を「わたしたちは研究者大衆だ」という宣言として理解しました。農夫が畑を耕して生涯を生きていくように、わたしたちは研究をおこなって生きていく者たちだということを宣言したというわけです。そしてまたこの言葉は知に対するわたしたちの信頼を表現したものでもありました。ある人が知を追求する生を生きるということは、知が生をより良くしてくれるだろうという期待をもっているためであるのですから。「研究空間スユ＋ノモ」での経験はわたしのこのような信頼をさらに強いものにしてくれました。

ところがこの研究者コミューンが二〇〇九年に分裂してしまったのです。自分の目で見たのに信じがたいほど、その当時わたしたちはひどく争いました。わたしたちの知はそのとき、どんな力も発揮しなかったように思われました。いや、それはむしろ否定的に機能したように見えました。互いを攻撃し、各々の立場を正当化するためにのみ知が用いられたのですから。そのとき、わたしに思い浮かんだ問いがこれでした。過ぎた一〇年間の学びがほんとうにわたしたちをよりまともな存在にしてくれたのか。それを信じることができるか。

三

いまやさらに数年の時間が流れました。現在、わたしはふたたび研究者としての生を生きています。近々研究者コミューンをふたたびつくらねばと考えもし、現場人文学の活動も続けようとしています。ある答えを見つけたからではありません。ただ黙々と歩み続けていきたいと思うようになっただけです。道を歩む者にとって救いとはその道の終わりにあるかもしれない花畑のようなものではないということを、ついに少しはわかるような気がします。もちろん道の終わりに花畑ではなく墓があるとしても変わりはありません。中国の作家、魯迅がうまく言ってくれたように、道を歩む者がなすべきこととは良く歩むことであり、生の内にあるものがなすべきこととは良く生き抜くことです。これまで、わたしは花畑や墓に対する信を道に対する信と混同していたのではないのかと思っています。もう希望のための人文学はやめねばならないと考えています。

今までわたしが告白するように吐露してきた「知への信」や「生の救い」といった言葉が学者たちにどれだけ奇妙なものに聞こえるのかは良くわかっています。もし大学の研究室で学生がこんな話を真剣に切り出したなら、教員は間違いなく心配なまなざしで彼を見つめることでしょう。信や救いを知と結びつけることは学問の世界において消え去って久しく、いまやせいぜい宗教施設の片隅でこっそりと分かち合うことができるだけの話になってしまいました。万一ある学者が知に対して「信じるに足る」と語るとすれば、それは事実との一致や論理的矛盾の不在を示すのみです。ですがわたしは事実との一致以前に自己自身と一致する知について、そして論駁を通した論理的矯正ではなく気づきを通した生の変形と移行を生む、そんな知について考えています。知の正確性や商品性ではなく、信を置くに足るものとしての、そしてもしかするとある気づきを与えてくれるかもしれないものとしての知について語ることは時代錯誤的なことなのかもしれません。けれども現在という時間とはズレた時間を生きるだれかが存在するなら、そのだれかに期待をかけてみるかとします。宛先のない手紙が彼／女に配達されることを願ってやみません。

最後に、この本の翻訳者である今津有梨さんに深い感謝を表します。翻訳という骨の折れる作業を進んで引き受けてくれたことについてもそうですが、それよりもまず学びの旅程においてわたしを道連れとして見出してくれたことに、そしてこれまでわたしに贈ってくれた友情と気づきに対して本当に有難く思います。彼女がどんなふうに私の文章を日本語に移したのか、とても興味深くもあります。あわせてインパクト出版会の深田卓さんにも感謝の言葉を捧げます。希望に浮き立つことも絶望に屈することもなく、黙々と自らの道を歩んで来られたインパクト出版会のように小さくも頼もしい出版社で翻訳されたわたしの本が出されるということは心から誇らしいことです。ありがとうございます。

プロローグ

哲学者と下女、そして星に関する話

1

「なんで僕たちが今ここで哲学なんか勉強しなくちゃいけないんですか?」二〇〇八年春、安養《アニャン》刑務所で哲学を講義した初日にひとりの在監者が尋ねた。保安装置が設置されたいくつかの鉄門と迷路のような渡り廊下を通ってやって来たわたしは、すでにかなり萎縮した状態だった。真っ青な囚人服を着て一列に並んで座っている二、三〇名の在監者の前に立ったわたしは緊張を解きほぐそうといくつか言葉を並べただけだったのだが、この乾ききった質問の襲撃を受けたのだった。一瞬、敵陣にひとり入り込んだ調停者のような気分になった。

もちろんその問いはわたしという個人に向けられたものではなかった。個人と個人の関係において「わたし」と「彼」の間に緊張感や敵対感が形成される理由は何もなかった。むしろ、彼ははじめからだれよ

り活き活きとした表情でわたしに向か合い、「コチュジャン」というわたしの別名を聞いたときは「チョコチュジャンになれ」という冗談まで飛ばした人であった（著者の別名は、著者の姓である「高（고）」と部族の「酋長（추장）」を合わせると韓国で一般的な調味料である「コチュジャン（고추장）」となるところから来ている。著者は研究共同体スユ+ノモ（第一章※一参照）で「酋長」、すなわちいわば共同代表の役割を引き受けていた。さらにこの部分では、酢を混ぜたコチュジャンである「チョコチュジャン（초고추장）」を、著者がしばしば言及するニーチェが語る「超人（초인）」の「超（초）」とかけている）。さらに当時刑務所の哲学講座は自発的に申請した者を対象としたものだったので、個人的な好奇心の次元で言えばその質問を投げかけたいのはわたしの方であった。「なぜここで哲学を勉強する考えになったのですか」。

その問いは、「彼」が「わたし」にしたというよりは、富と権力、知識の世界から追い出された「貧者」が「哲学者」に投げかけたものだと思う。なぜ生活するのに忙しいわれわれ、さらには刑務所に閉じ込められているわれわれが哲学などしなければならないのか。彼が問うたのは「貧しい者」と「哲学」の出会いについてであり、この「出会い」が問いの対象になるということはそれだけ両者の関係が自然ではないということを意味する。

貧しい者と哲学者は互いに異なる世界に存在しているかのように見える。彼らの間には和解が容易でない敵対感が存在する。貧しい者にとって哲学は食べていくことのできる者たちが取りかかる高尚な遊戯であり、哲学者にとって貧しい者は目先の利益に縛られて生きているために哲学をすることができない人々だ。互いが互いに対して舌を打ち、少なくとも無関心だ。

哲学史にはこのことを確認させてくれるエピソードがある。ある日、哲学者タレスは夜空の星をながめながら歩いていたところ井戸に落ちてしまった。それを見たトラキア（バルカン半島東部地域。ギリシャとトルコの分割領）の下女がからからと笑ってこのように言ったという。「タレスは夜空をながめるのには一生懸命だけど、足元にあるものには気づかないのね」(1)。トラキアのこの下女は聡明な者であるに違いない。一体は地上にありながら精神はアンドロメダへ飛んでいってしまう哲学者の生をこのようにとんちの効いた仕方でからかうことができるのだから。

しかし哲学者たちはこの機転の利いた下女を好みはしなかった。哲学者たちは彼女を哲学について何も知らずになんの考えもなしに話をする無知な大衆の象徴となした。だれよりもソクラテスがそうであった。彼は足元だけを見て歩く彼ら、目を他の場所に移す余裕を持たない彼ら、その場の利益のために巧みに話をするが、結局のところ何が正しいのかわからないまま相手におもねる彼らをせせら笑った。

「おそらくこれらの者たちを哲学者の高みに立たせるなら、それほど高いところにやって来たことがないためにめまいを感じることだろう。空中から下を見下ろすのに慣れていないためにそわそわし、言葉はどもり、きっと笑い者になることだろう」(2)。ソクラテスはトラキアの下女のような者たちをそのように嘲った。

わたしが貧しい者と哲学者の間の和解が容易ではないと言ったのは、彼らいずれもがある真実を語っているためだ。足元の井戸に気づくこともなく夜空の星に目を奪われている哲学者を批判する下女も正しく、足元だけを見ていてどこを歩いているのかもわからない下女の姿を指摘する哲学者も正しい。生を省察する余裕がないならばその生は奴隷的だという哲学者の言葉も正しく、生の切実さがないならばその知とは遊戯や道楽に過ぎないという下女の批判も正しい。しかし、両者がいずれも正しいということは両者がいずれも間違っているということでもある。一方が正しい部分において他方は間違っているからだ。

哲学が日常の生とは無関係にあの夜空の星を眺めることに過ぎないなら、貧しい者たちが指摘したとおり哲学は暇な仕事、役に立たない仕事になってしまうだろう。しかし、彼らが崇めたてる現実感覚もまた、自分自身を貧民としてつくり出す現実に対する追認に過ぎないとしたら、それは奴隷の自己なぐさみに過ぎないだろう。このように哲学と貧しい者が対立するところでは哲学も貧しい者も不幸だ。哲学はせいぜいのところ衒学的な遊戯や非現実的な妄想に過ぎないものと見なされ、貧しい者は現実の論理にすばやく追認することで鋭利な奴隷、成功した奴隷になってしまうに過ぎないからだ。

互いにあざ笑い、敵対しながら哲学者と貧しい者がともに不幸ならば、逆説的ではあるがおのおのの救済は互いからやって来るのではないか。生の切実さと向き合い合って哲学者はあらためて哲学を学ぶようになり、知の覚醒を通して貧しい者たちは新たに生を生きなおすのではないか。わたしはこんなふうに考えてみた。偉大なタレスを機転の利いた仕方でからかった聡明な下女がある晩、屋根裏部屋の窓を開けて夜空の星を見たならば、一体どのようなことが起こっただろうか。

2

一九九六年の秋、ノドゥル障害者夜学〔第二章※一を参照〕のある学生が一晩MT〔メンバーシップ・トレーニングMembership Trainingの略。合宿のこと〕に参加していたとき、夜空で光を放つ星々を仰ぎ見た。「その時、あらゆる星がわたしたちの傍らに近寄って、わたしたちを照らし出してくれているみたいでした。本当に、涙がこぼれて泣いてしまうところでした。なんだかよくわからない涙が出そうになるんですよ」(3)。普段家と職場の間に閉じ込められて過ごす彼女がテレビドラマの中で見たMT、つまり焚き火を囲んで歌を歌い、おしゃべりをするという場面を彼女が実際に体験してみたとき、そして頭を上げて夜空を見上げた時に起きる何か（本文ではこのことについて仔細な話を収めた）。それは哲学者が星を見るときに起きたこととは非常に異なるものだった。

果たしてカントもまた夜空の星を見た。彼はこのように記す。「星々が光を放つ天空とわが内の道徳律」(4)。だがカントは夜空のあの美しい無限性も自分の胸の内で光を放つ道徳律に比する場を持たないとした。星の光とはわたしたちが感性を通して経験する偶然的な無限性であるのみだ。これに比してわたしの中の道徳律はわたしたちの理性を通して築かれる永遠の建築物だ。星は終には塵へと還ることになるわれわれの卑しさを気づかせるのみだが、自分の内なる道徳律はわれわれ自身の人格を限りなく高揚させる。彼はそのように考えた。そして夜空の星と道徳律を相容れない別個の世界に置いてしまった。

しかし、障害者であった彼女が夜空を見上げた時には果たして、どんなことが起こったのか。それは彼女の中で変革を引き起こした。彼女は、永遠のものだとのみ思っていた心の奥の道徳律が砕け散ったことを感じた。それまでのあいだ自分の中に座を占めていた従順と禁忌の命令の数々、長いあいだ彼女に無能力と不可能を注入してきた内面の声がもろくも崩れ落ちたことを感じたのだ。障害というものが日常で経験する不可能とその瞬間に湧き上がる放棄の感情であるならば、夜空の星は彼女をしてこのあらゆることを一度にひっくり返した。一言で、彼女において不可能は可能となり、無能力は能力となった。星を目にした後、彼女は自立生活のためにただちに寮を出てしまった。以前はまったく夢にも見なかったことだ。

夜空の星が彼女にくれたものは天体に関する知識ではなかった。それはある気づき、覚醒、そして勇気であった。ところで、わたしはこれこそが哲学に対する最良の定義だと思う。つまり、哲学は特定分野の知識や情報のことではなく、たったひとつの知識や情報ですら異なった仕方で眺めることができるように呼び醒ますことなのだ。わたしは哲学が「博識さ」にあるのではなく「目覚めさせること」にあると思う。それこそわたしたちの生における不可能と無能力、窮乏と貧困を生み出し、規定するあらゆる条件に対して奮闘するのだ。一言で言って、哲学は異なった仕方で感じることであり、異なった仕方で考えることであり、つまるところ異なった仕方で生きることだ。わたしはこのことが貧しい者たちが胸に抱くことのできる哲学であり、貧しい者たちが哲学者に贈る哲学に対する最良の定義だと思う。

3

ここに収められた文章はだれかに手紙を送るようにこの二、三年の間ひと月に一編ずつ書いてきたものを再び整理したものだ（大部分は「ＫＢレインボー人文学」に掲載された）。この文章を書きながらわたしが思い浮かべた受信者は「日々を生きていくわたしたち」だった。「哲学が日常に」、そして「日常が哲学に」贈る手紙。わたしはそんなものを思い浮かべた。そしてはじめから分かっていた。この手紙は物静かなものであるほかないことを。哲学は日常に素晴らしい救いのメッセージを与えることはできず、日常は哲学にドラマティックな英雄談を語りはしないだろう。天国への救済は神の持分であり、スペクタクルを提供する英雄談は劇場にでも任せておけば良いことだ。ただ、哲学は地獄に一緒にいてあげようという言葉を日常に手渡すのみであり、日常は青白い顔で漂う哲学の言葉の数々に対して一滴の血を、つまりひとつの体験を贈るのみだ。だが、これがどんなに途轍もない贈り物の交換であるかを、今ならばおぼろげにわかるようだ。

実のところ、「彼」が「わたし」であった。「なぜ今ここで哲学を勉強しなければならないのか」と尋ねた「彼」のことだ。わたしもまた、自らに対して何度もこの問いを投げかけてきた。わたしは哲学を専攻した人間でもなく、哲学者であることを保証するどんな資格も持ってはいない。哲学というものが単にそのような知識と資格を指し示す名であるなら、わたしはいつでもこの名を捨てる準備がある。わたしが愛する哲学、わたしがその存在をかけがえのないものとして感じる哲学は、だれかが残した表現のように、いつでも自分の精神に冷や水を浴びせかける、そんなものだった。その一杯のひさごの水を浴びてこそ、わたしは自分の生を再びまなざすことができた。わたしもまた、自分の中でやかましく騒ぎ立てる感情の数々に後ろ髪を掴まれてあちらこちらへ振り回されながら生きてきたわけで、外の風景のスペクタクルに目を奪われ、生きるという営みにおいて大切なものをないがしろにしもしてきた。それでもわたしがこうして生きていくことは、ときには本の中で、ときには本の外でわたしの精神の背を鞭打ってくれたものたちのおかげだ。その経験がわたしにとっては哲学だ。この本を読むあなたにとっても、哲学がそのような友であることを願う。

註

（1）プラトン、田中美知太郎訳『テアイテトス』、岩波文庫、二〇一四、一一五―一一六頁

（2）同書、一三〇頁

（3）홍은전、《그럼에도 불구하고 수업합시다: 노들장애인 야학 스무해 이야기》、까치수염、2014、35쪽

（4）カント、熊野純彦訳『実践理性批判／倫理の形而上学の基礎づけ』、作品社、二〇一三、三五三頁

第一章　天国には哲学がない

天国には哲学がない

「二〇〇三年八月十五日の蒸し暑い晩、ニューヨーク市では天の川が見えた」(1)。アメリカ北東部で発生した災害で停電が発生するやいなや、ニューヨークの夜空に天の川が広がった。そのときニューヨーク市民たちはそれまで真昼間のように明るい夜のために知らなかったある事実、すなわち自分たちが「星々の屋根」のもとで生きているという事実を悟った。レベッカ・ソルニットの本、『災害ユートピア』に出てくる挿話だ(2)。

ソルニットは大災害という地獄のような状況において人々が一次的に作り出した自律的でありながら利他的な共同体の話を本に収めている。彼女が言う「天の川」とはもしかすると、人々がつくり出した美しい共同体のことであるだろう。「災害 disaster」という言葉が「星 astro」が「ない dis-」状態（したがってある不吉さが予告された状態）に語源を持つことを考えるなら、災害が発生した時に人々にその姿を現す無数の星々という話はまことに奇抜であり、興味深い。

サンフランシスコの大地震からニューオーリンズのハリケーンに至るまで、社会システムが崩壊するなかでメディアが誇張された恐怖ばかりを流布している時、現場の貧しい者たちは「ほかになすすべなく」、しかしまた「おどろくべきことに」、ある生の共同体をつくり出す。もはやシステムが作動しなくなった場所で生み出された自律的で利他的な共同体の数々。どんな条件もなしに人が人に手を差し出し、人が人を頼りにすること、このようなことこそ太初から人間の共同体をもっとも下から支えてきた力であり、同時に現在とは異なる未来を手に入れたいと願う人々が依拠するほかない絶対的可能性であるだろう。

ソルニットは彼女が目にしたコミュニティを「楽園」と呼ぶことをためらわなかった。だがそれはわたしたちが思い浮かべる楽園のイメージとは違う。おおよそ楽園とはせいぜいのところ「永遠の休養地」であり、わたしたちが「それ以上何かを作り出していく必要がない場所」だ。けれどもソルニットによれば、「地獄でうち立てられる楽園はいつも深刻な問題や苦痛への対応という形で出現する。……地獄で建設される楽園は現場においてつくられる。この楽園を築き上げる過程でわたしたちは力と創造性を注ぎ込むのだが、この共同体の内で人々はもつれあっている瞬間すらも何かを創造すればするほど自由になる。この楽園はわたしたちが何を欲するのかと同時に、わたしたちが何になることができるかを見せてくれる」(3)。

わたしは楽園という言葉が好きではない。現実逃避的な匂いがするためだ。だがソルニットが語る楽園とは現実から逃避した者たちの共同体ではなく、むしろみなが逃避した現実のもっとも暗い場所に取り残された者たちがつくり上げる共同体だ。ところが、この共同体は人間が持つ最も貴重な資産を見せてくれる。

わたしたちが死後、永遠の命を得てそこで享楽に耽《ふけ》ることを夢見る天空の楽園は、それがたとえ人間に与えられるときすら神の能力であり神が示す配慮である。けれども神によってもはや面倒が見られなくなったところ、すなわち地獄において楽園が生み出されるのならば、これはもっぱら人間が人間に対して示す能力、人間が人間に抱かせる希望、人間が人間にほどこす配慮による。

わたしはこの本を読んで哲学が住まう場所というか、その使命のようなものを思い浮かべた。地獄で美しい共同体を築く仕事のことだ。ニーチェはこのように語った。「わたしがこれまでに理解している哲学、わたしがこれまで身をもって生きてきた哲学とは、自ら進んで氷に覆われた高い山の頂で生きていくことだ」(4)。彼が言う氷に覆われた山の頂とは凡俗な者がやって来ることができない不毛な環境だ。そうであるためにそこは世間の価値評価から距離を置きながら、むしろその評価の内で追放されていたものの数々を発見し、吟味する価値転覆にとって最適な場所でもある。ニーチェは『道徳の系譜』で「哲学に関するぞっとする象徴」としてインドのヴィシヴァミトラ王の話を持ち出したことがある。酷烈な自己苦行から得た力と自信感によって新しい天国を建設しようとしたヴィシヴァミトラ王。彼の話にニーチェはこのような文章を付け加えた。「いつか「新たな天国」を建設したことのある者ならだれでも、それをうち建てるための力を彼自身の地獄の内において発見する」(5)。

「哲学の精神」はそのような苦行と禁欲という外套の内でのみ生き残ることができるとニーチェは語った。これは多くの哲学者が胸に抱いていた逃避の欲望、すなわち煩雑な場所を発ち、静かに学びたいという欲望とは大きな距離がある。真の哲学者が氷に覆われた高山の頂に向かって進んでいくのは現実からの逃避ではない。むしろそれは現実が中断されたところ、すなわちだれも飛び込みたくはない地獄の中へと歩み入っていくことなのだ。まさにそこにこそ今の現実とは異なる現実をつくり出すための素材があるためだ。

哲学は人間の中に自己克服の可能性があるということを教える。哲学はあらゆるものを失った地獄においてもその可能性は消えうせはしないことを、いや、あらゆるものを失ったためにむしろ人間が持つ素晴らしいなにかが姿を現すということを教えてくれる。悟りが天国で起きることはない。天国にはわたしたち自身に対する克服の可能性も、その必要性も存在しないためだ。したがって天国には哲学がなく、神は哲学者ではない。哲学は地獄から逃げることなく、またそこで落胆することもなく、地獄を生存条件としてそこでも良い生をつくり出そうとする者たちのものだ。

「傍にいてあげること」の存在論

数年前、龍山にある国立博物館で高麗時代の仏画が展示されていた。世界各地に散在している高麗時代の仏画をひとつの場所に集めた貴重な展示であった。展示会の題目は「七〇〇年ぶりの邂逅」であったが、わたしの知人のひとりはもしかすると同じ作品を再び見ようとすればまた七〇〇年後になるかもしれないと冗談を飛ばすほどであった。本当に大部分の作品は国宝級、いやそれ以上のものであった。

その中でもわたしの目をまるくさせたのは高麗時代後期に描かれたというふたつの「水月観音図」であった。ひとつは日本の談山神社の所蔵品であり、もうひとつは浅草寺の所蔵品であった。すべて「法華経」の「観音菩薩普門品」に現れる話を描いたものなのだが、前者の作品では観音菩薩が蓮華台に座ったまま善財童子を鷹揚に構えて眺めており、後者の作品では緑色の水滴模様の光背の中で観音菩薩が立った姿勢のまま善財童子を眺めていた。

浅草寺の「水滴観音」はそのとき初めて見たのだが、「水月観音像」はわたしがいる研究室にもある時期掛けられていた。もちろん本物の作品ではなく、あるお坊さんが額縁に入れて送ってくれた大型アートプリント作品であった。絵の全体的印象は談山神社の「水月観音図」と似ていたようだった。僭越な言葉ではあるけれども、菩薩の豊満な体はやわらかに流れ、その身に纏った沙羅は限りなく軽く、身につけられた様々な宝石と装身具は眺めれば眺めるほどに繊細かつ精巧であった。この絵を最初に目にしたとき、わたしは仏と菩薩もうまく区別できないながらも独り言をつぶやいたものだ。「これほどにも官能的な仏があるだろうか」。甚だしくは絵の中の観音菩薩に滑稽なコンプレックスを感じもした。そのときわたしの目に入ってきたものは観音菩薩の悟りではなく美術的感覚であった。周囲を見渡してみると勉強が得意でなおかつ美術的感覚までも優れた、本当に「秀でている人々」がいはしないだろうか。わたしはそのとき、あたかもそのような存在を見たようであった。わたしの目にはこのお方が悟りを得たがゆえに美しいというより、悟りを得ながら、また美しくすらもあるというように感じられた。

ところがこの展示を見た日、奇妙にも夢に現れたもうひとつの絵があった。「地蔵菩薩像」であった。みすぼらしい袈裟に杖を持った僧侶のように見えるお方が立っていた。目は細いが瞳はくっきりとしており、筋肉がない肉は骨にはり付いたようであるが、たいへん情に厚く、頼もしく見えた。ところが、その夢の中の地蔵菩薩はわたしを追いかけて来ては杖でわたしの頭を叩きつけた。昼に恐いものを見ると夜にまた同じものを見る子供の夢のようであった。

数日後、あるお坊さんにお目にかかる機会があってこの夢の話をした。「観音菩薩がうらやましくてどうしようもなかったのですが、地蔵菩薩につかまえられて杖で叩かれたんです」。するとお坊さんはにっこりと微笑んでおっしゃった。「観音菩薩は今日で言うところの財閥会長のようなお方です。本当に持っているものが多いでしょう。それをみんな分けてあげます。その名を呼びさえすればだれにでも与えてやるのです。ところが地蔵菩薩は持っているものが何もありません。あげるものがないのですね。けれども地蔵菩薩はただ、貧しく、つらい思いをしている人々の傍にいてあげるのです」。

そのときは「なるほど」という程度であったのだが、今日はふと「いてあげる」というその言葉が限りなく大きな贈り物のように感じられてくる。地蔵菩薩。彼は仏のない時代に衆生を教化し救済する菩薩として、みなが成仏する時まで、つまり地獄が空っぽになる時まで自らを成仏させはしないという願いをうち立てたことで有名だ。奇妙な逆説である。願い通りに行けば、彼は世でもっとも遅れて成仏するであろう存在だ。しかしそんな願いをわざわざかけたことを考えてみるなら、彼は世でもっとも早く成仏した存在であるに違いない。いずれにせよ、地獄にたったひとりも残しておくことがないようにみなが成仏する時まで傍らにいようというそのとんでもない願いのために、「業報が定められている」だとか「解脱不可能な存在である」だとかいう言葉はみな力を失ってしまう。彼がいれば「業報」も「不可能」もあり得ないためだ。最後まで「あなたの傍らにいよう」という言葉が偉大なのはまさにこのことによってだ。

「いてあげること」。この言葉においては「いること」と「あげること」、つまり「存在」と「贈り物」が一致している。ドイツ語では「何かがある」という言葉を「Es ~ gibt ~」と言う。ここで「gibt」という動詞は「あげる」という意味の「geben」から来た言葉だ。だから、「いること」がすなわち「あげること」なのだ。存在が贈り物だということだ。

けれども、「存在」が「贈り物」だという言葉を高尚な美辞麗句程度に受け取りはしないことをお願いする。しんどくてどうしようもない時節、すなわち現在、少なくない人々が「もう疲れ果てた」と言って運命の弦を手放してしまう。新聞を読む度に胸が痛い。本当に、あげることができるものが何もないのだろうか？だからこそ思い浮かべた言葉であった。どんな時代にもましてわたしたちが持っている原初的な贈り物が必要だ。傍らにいてあげよう。わたしをあなたに贈ろう。

焦りは罪だ

不幸な人とは時間によっても苦痛を感じるのが決まりだ。不幸な人にとって、つらい境遇から抜け出すことのみならず、できるだけ「早く」抜け出すことが重要だ。このために彼は救済の近道を語る人々を好み、その言葉を実によく信じる。教会の牧師も、路上の薬売りもこの点をよく知っている。焦っている人間は待つことができないためだ。

アルゴスの伝説の王、アクリシオスの悲惨な結末も、実は悲惨な運命をまず避けようとする焦りから始まる。彼は息子が生まれず憂いていたところ、デルフォイの神殿へ向かった。ところがそこで思いがけず神託を受けた。娘であるダナエーが将来生む息子が彼を殺すというのだ。神託を受け取ったアクリシオスは焦り、そのために娘を青銅でつくられた部屋に閉じ込めてしまった。問題は天井であった。その部屋の天井は空に開かれていたのだが、それがゼウスの目に入ったのだ。ゼウスは黄金の雨に姿を変えて部屋のなかに入り込み、彼女は結局ゼウスの子、ペルセウスを身籠ることになった。

不安になったアクリシオスは娘のダナエーと孫のペルセウスを箱に入れて荒々しく波立つ海へ投げすて

てしまったのだが、ゼウスの助けによって母子は生き残る。ペルセウスはその後大きくなると、メドゥーサを始末することによって一躍英雄になる。彼は母とともに故郷アルゴスへと戻るのだが、折しもそのとき開催されていた円盤競技に参加することになる。ところがよりによって彼が投げた円盤が競技を見に来ていたアクリシオスの頭に当たってしまい、アクリシオスはその場で息を引き取る。

オイディプス王が父ライオスを殺した話も同じような構造だ。テーバイの王ライオスはひとりの預言者からとんでもないことを聞く。息子が彼を殺すであろう運命を負って生まれたというのだ。ライオスは生まれたばかりの赤ん坊であるオイディプスを殺すことを王妃に命じたが、王妃の命令を聞いた下僕は子を殺すことができずに野に捨てる。子は結局ある牧童によって発見され、そうして運命の車輪が回り始める。後に成長したオイディプスは道でライオスの行列といさかいになるのだが、この渦中で自らの父をそうとは知らずに殺してしまう。

神話の中の主人公に問いただして済む問題ではないが、結局これらの神話において悲劇的な運命の車輪を回したのは主人公たち自身であった。アクリシオスが娘を青銅の部屋に閉じ込めなかったならばそれがゼウスの目に入るわけもなく、ライオスが息子をいつものように育てたならば息子が父をそうと知らずに殺すこともなかっただろう。神託や預言はおのれを実現するためにただひとつのことをなした。それは、主人公たちを焦る気持ちへと追いやることだ。そうすれば破局に対する焦りが実際に状況を破局へと導いていく。

このような構造は現実のおそろしい悪行においても現れる。ナチはユダヤ人がドイツ民族の血を堕落させることを想像し、それを防ぐためにユダヤ人を虐殺したが、その行動が逆に自らを堕落させてしまった。

そしてこのようなことはユダヤ人においても反復される。アラブ国家がユダヤ人国家を消滅させてしまうかもしれないと考えたイスラエルはパレスチナを侵攻して多くの罪のない人々を殺害した（イスラエルのシャロン総理は「イスラエルをユダヤ人ナチ国家だと呼んでも構わない。死んだ聖者よりはそのほうがましだ」と語りすらした）。

ナチやユダヤ人の例を挙げたが、このような例はわたしたちの周りで、いやわたしたち自身に対してすらいつでも見つけ出すことができる。わたしたちは臨迫した破局を想像し、そのような想像にしたがって仮想の防護壁を張り巡らせる。しかしわたしたちを守るのだと想像しておこなった行動が壁ではなく門になる。つまり、悪魔はその門を通して入り込み、わたしたちのなかに焦燥感を植えつける。するとわたしたちはおのずから罪を犯すようになる。

わたしたちが感じる恐れと不安がまったく根拠のないものだということではない。問題は焦りだ。焦りは問題を正面からながめることをできなくする。焦った者は問題の進行を十分に見守ることができないためにどんな代替物であってもそれを問題の解決策としてみなそうとする。性急な解決を欲するいらだちが、本当の解決策ではないどんなものも解決策に見えるようにしてしまうのだ。そしてまさにこのために事態の終結は不可能になる。破局を防ぐための早急な行動は破局を永続化させるのだ。わたしたちが信じる多くの近道、それをたどりさえすればすぐに治癒が施され、改善され、そして救済が訪れるように見える、そのような多くの道が、実は悲劇の車輪を回すためにわたしたちの焦りがならしておいた道であるに過ぎないのかもしれない。

だれよりも焦燥感に苦しめられその問題をよく知っていた作家、カフカ。彼は焦りこそ人間の罪悪だと考えた。彼は「罪、苦悩、希望、真実の道についての考察」という文章でこのように語った。「他のあらゆる罪を生む人間のおもな罪がふたつあるとすれば、それは焦りと投げやりだ。人間は焦りのために天国から追い出され、投げやりのためにそこに戻ることができなかった。しかしおもな罪がただひとつだとすれば、それは焦りだろう。人間は焦りのために追放され、焦りのために戻ることができない」(6)。もしかすると、彼の文学はこの焦りを追い出そうとする熾烈な探求の結果なのであろう。

しかし、わたしはそのような熾烈な努力がまた哲学であり、そして哲学であらねばならないと思う。哲学をするということ、考えるということはただちには反応しないということだ。それは近道を信じないことだ。哲学とはある哲学者の言葉のように、生の精神的迂回だ。生をふたたび咀嚼すること、文字通り反芻することだ。近道ではなく曲がり道を歩むこと、目を閉じて走るのではなく十分周囲に目配りをすること、盲目ではなく洞察、それが哲学だ。哲学は一言で、焦らないことだ。

余談ついでにつけ加えておけば、古代エジプトを脱出したイスラエルの百姓が犯した罪の正体もまた焦りであった。シナイ山にのぼったモーセがかなり長いあいだ戻って来ず、彼らを焦らせた。百姓たちは祭司長であるアロンに押し寄せて「神」をつくってくれと請うた。アロンは彼らの要求を聞き入れると貴金属を集めて一頭の金の子牛をつくった。後にシナイ山から降りてきたモーセがアロンをひどくとがめると彼はこのように言った。「百姓たちがわたしのほうにやって来てはこう言うのです。「わたしたちをエジプトの土地から連れてきたお方、モーセがどうなったのかわからない。わたしたちの先頭に立って引導してくれる神をつくってください」。そこでわたしが金目のものを持っている者がいないかと聞いたところ、それを持っていた者たちがくれるものだから、それらを炎のなかに放り入れたのです。するとこの子牛が現れたというわけです」（出エジプト記三二章二三―二四節）。おそらくアロンが言った「炎」とはイスラエルの百姓が感じた不安と焦りの感情であることだろう。そこに金目のものを投げ入れたところ金の子牛が飛び出てきたというのはまことに興味深い話だ。ともかくも、ヤハウェはモーセに命じて偶像を崇拝した三〇〇〇にものぼる人々を殴り殺させた。ただ単に哲学が必要であった百姓に加えられた罰としては、非常にむごいものであった。

分かれ道と行き止まりの道

道の上に生きる存在としてわたしたちが向かい合うことになる困難には大きく分けて二つある。ひとつは道が突然分かれてどちらに行けばよいのかわからなくなることであり、もうひとつは行き止まりの道にたどり着いてそれ以上進んでいくことができなくなることだ。ところで、行くべき道がわからなかったり道がないと感じるときにわたしが思い浮かべる文章がひとつある。それは中国の作家、魯迅が書いたある手紙だ。

わたしがその文章を読むことになったのは出版社に勤務している友人のおかげだ。ある年の春、わたしは新しく出す本の原稿を脱稿して出版社に序文を送ったのだが、その編集者の友人が魯迅の文章を入れた返事を送ってきた。彼はわたしの原稿を長いあいだ見てきたのでわたしが何の話をしようとしているのかをとてもうまく察してくれる。ところで彼が返事の中に入れて送ってきた魯迅の文章は、わたしへの共感を超えてある鞭打ちがこもっていた。だれかに精神の扉を開いてくれるようにと本を書くのならすべからくこの程度の文章にはならねばならないのではないかという。それは例えるなら、わたしの文章がだれかの精神にせいぜいノックすることのできる程度の水準であるなら、魯迅の文章は初めから扉を斧で切り落とすかのようだ。だからたとえ仮に似た内容を収めていたとしても文章はまったく異なるものになってしまう。

編集者の友人が送ってくれた文章は魯迅が恋人の許広平《きょこうへい》に送った手紙から取ってきたものだ。厳密に言えば恋人に送ったものというよりは、この手紙から彼らの恋愛が始まったと言うほうが正確だ。魯迅は一九二三年秋から一九二五年春まで北京女性司法大学で講義をしていたのだが、彼の小説史授業を聞いていた学生のひとりが許広平だった。当時許広平は軍閥と結託して学校を守旧的な方向へ導こうとする総長に立ち向かって闘った学生たちの代表であった。だが学生たちは初めのうちは懸命に闘ったものの、すぐに学校側の懐柔によって分裂してしまった。許広平は当時における教育界の堕落、そして卒業後の安全な地位に執着してたやすく妥協してしまう学生たちの身の施し様に対して鬱憤を吐露し、普段だれよりも剛毅な人物だと信じていた教師、魯迅に長い手紙を書いた。それに加えてあいまいな返事は固辞申し上げるとつけ加えて魯迅をかなり困惑させた。

生の羅針盤になってくれと請う学生、それも中国社会の不義に対する鬱憤と仲間に対する落胆を露にする学生にどのような言葉を投げかけることができるのか。魯迅は教育界に対する許広平の鬱憤に共感しながらも、自分が投げかける言葉が未来に対する嘘の上に、すなわち聖職者が苦しむ者たちに送る「来世での救済」のようなものにはならないかと念慮する。なおかつ実のところ自分もまた、つまるところひどく苦々しい現実を慰労してあげる「砂糖」のようなものがどこにあるのかわからないのだから、「白紙答案を出すより仕方がない」と告白する(7)。彼の答弁には一見、放棄が込められているように見える。だが事実は正反対だということがたちまち明らかになる。「なすすべない」という答弁をなした後、魯迅は「今からはどうにかこうにか世の中を生きていくわたしなりの哲学について話すのだから参考」にしろと記した(8)。砂糖の助けなしに苦味を苦味のまま感じて進んでいけという魯迅の文章、それはこのように開始する。

「人生という長い道のりでわたしたちがぶつかりやすい難関が二つあります。その一つは「分かれ道」、つまり岐路に立つことです。分かれ道の前に立ち墨籍（墨子）先生は悲しみに涙して引き返したといいます。しかしわたしであれば決して泣いて帰ったりはいたしません。まず別れ道の入り口に腰を下ろし、しばし休み、あるいは一眠りするとします。それから行く道を決めて、また歩き出します。もし道を行く途中、慈善深そうな者に出会えば、彼がくれる食べ物で飢えを癒すのであって、決して道を聞きはいたしません。彼もまた道を知らないのは同じだということをよくわかっているためです。万が一虎と出会えば、木の上によじ登って、虎がいなくなる時まで待つとします。虎がいつまでも立ち去らなければ飢え死にするまでですが、決して木から下りたりはいたしません。木に体を紐で縛りつけて、かりにそのまま死ぬとしても虎が体に触ることができないようにしておきます。木がなかったならば？　そのときは仕方がない。虎に向かって丸ごと飲み込まれるのが落ちでしょう。

二番目の難関は「行き止まりの道」にたどり着くことです。このような場合、阮籍（魏の国の詩人）は慟哭して踵を返したといいます。しかしわたしは決してそのようにはいたしません。行き止まりの道もまた分かれ道と同じくいばらの道だとしてもかまわない、歩いてみるのです。すっかりいばらの藪で覆われていて歩いていけそうに無いほどに険しい道など、これまで一度もぶつかったことがないのです。わたしはこの世界には本来行き止まりの道など存在しないと確信します。さらには運良く、現在に至るまでそのような難関は経験したことがないようなのです」(9)。

参考としてわたしが引用した文章は『魯迅の手紙』から持ってきたものなのだが、わたしの友人が送ってくれた翻訳とは少し異なった。その翻訳の文章のいくつかはとてもぎこちなく、本ものと比較すれば全体的にずっと粗かった。しかしいくつかの部分はとても気に入った。そこではたとえば、「慈善深そうな者に出会えば、彼がくれる食べ物で飢えを癒す」という部分は「食べ物を奪ってでも飢えを満たすとしよう」と、「虎が体に触れることがないようにしておきます」という部分は「死体であっても虎にくれてやりはいたしません」と翻訳されていた。すべて魯迅の毒気がよくにじみ出ている翻訳だ。さらに木がなければ虎に食べられてしまうほかないという部分の後ろには、わたしが読んだ翻訳にはなかった文章がひとつつけ加えられていた。「木がなければ仕方がない。つかまえて食べろというほか。しかし虎に一口くらいは噛みついてやっても大丈夫であろう」。手紙を原文で読むことができないのでどの翻訳が正しいのか判断することはできないが、虎に食べられる瞬間にも「虎に一口くらいは噛みついて」やろうというその根性は、やはり魯迅の気質によく合っていると思う。

いずれにせよ、分かれ道でどちらに行けばいいかわからずに苦しいならいったん一眠りして考えてみろということ、道を歩いていて腹が減って死にそうなら食べ物を奪ってでも生きのびろということ、虎に出会って死にそうになったなら木の上に避難し、ついに死ぬことになるなら死体であっても決して譲り渡すなということ、そしてなすすべなく虎に食べられるのならば、それでも一度くらいは虎に噛みついてやれということ、実にすべてが人をして冷や汗を流させる言葉の数々だ。「行き止まりの道」にたどり着いても同じことだ。「行き止まりの道」とはそれを前にして泣きながら引き返そうとする人にとってだけ「行き止まりの道」なのであってそれを突き抜けて進んでいく人にとってはそうではない。魯迅は「運良く」そんな行き止まりの道に出会ったことはないと語った。しかし、彼が行き止まりの道に出会うことがなかったのは、彼がどんな道に対してもたった一度も「行き止まり」を認めなかったためだ。

友人が送ってくれた魯迅の文章にはすべて収められてはいなかったが、実のところ、魯迅は許広平にもう一言を付け加えた。彼女に魯迅は、「やみくもに先駆けようとする勇士」である必要はなく、むしろ塹壕のなかで、ときには「タバコを吸い、酒を飲んだり、歌を歌い、カード遊びもし」ながら、「不意に銃声が響けばただちに敵に向かって銃口を定める」、そんな「塹壕戦」というものもあると語った[10]。これはけっして意気地のない態度ではない。何かを一度に解決しようという態度こそある種の軟弱さと関連しているのだ。

前にも語ったように、焦りは罪を犯す。少し余裕を持ち、ただ放棄はしないこと。これが焦りに対する魯迅の答えではないかと思う。だから、あなたが道を歩いていて難関に逢着したなら、一眠りするのも大丈夫だ。初めから長い道を行くものなのだと、なかなか放棄しないことを念を押すのであれば。

頭に点いた炎を消すようにして学べ

哲学についてなんだかんだと話しているが、わたしもさほど誇れる生を生きている人間ではない。とりわけ二〇〇八年にわたしが身を置いている研究共同体が大きな混乱に陥ったとき、わたしは自分の学びがどれだけ脆弱であったのかをひどく実感した。大学院を終えた以後もほとんど二〇年間にわたって学びを続けてきたのにの話だ。

わたしはこの短くない学びの時間の大部分を大学の外部にあるこの研究室で送った。大学に入り込む席があった訳でもなく、また大学が学ぶのに最適の場所であるかどうかに対する懐疑もあったので、強いてそこで居場所を探しはしなかった。だが生涯学ぶことを続けたい気持ちは切々としてあり、経済事情は容易ではなかったので、学びながら生きていく道を探るなかで仲間と作ったのが「スユノモ〔※二〕」という研究者共同体であった。だから、ここがわたしにとっては学びの場であり、かつ生きる場であったというわけだ。

ところが、ここもひとつの共同体であり、それも「知」と「生」に対する問いと干渉が多い場所であるからして、争いがないはずがなかった。予想できないことではなかった。研究者共同体を始めた時、わたしたちが自ら念を押したことがあった。われわれは争いが起きない共同体をつくるのではなく、争いを恐れない共同体を作らねばならない、と。言葉は簡単だ。けれども戦争を一つひとつこなしてみると、学びを得るのは後になってからで一度心に点いてしまった火を消すのは容易ではなかった。それでも、その火をほかのだれかに転嫁しなければ良いほうである。

趣味からであれ使命感からであれ、自分の生業から抜け出した隙間をぬって活動する団体であれば、問題が起きたときには僧が寺を離れるように脱退すればそれまでだ。けれどもわたしが生涯をかけて学び、生きていく場として誓ったところであるからして、ほかに仕様がなくあらゆる動揺を耐え抜かねばならなかった。二〇〇八年にもまるで戦争のようなことが起こったのだが、収拾がついたのか確信できないままにひとたび事が収まるとすぐにわたしは「スユノモ」をしばし離れた。突然、これまでの生を振り返ってみたくなった。心が弱くなったのだ。

ともあれ、あの口実、この口実をかこつけてさまよった挙句、とうとうアメリカの地にまでたどり着くことになった。心の一面ではわずらわしい場所を離れていまや少しは静かな場所で学びたいという気持ちも切実であった。ところが不思議なことは、だれも私を知っていない遠くはなれた異国の地でも心はちっとも穏やかではなかったということだ。穏やかでなかったどころではない。それはうるさくて狂いそうなくらいだった。わたしの中にあるものたちがどれほどがやがやと騒ぎ立てることか、しまいにはこいつたちの音は耳を閉じることで追い出すことのできるものですらなかった。むしろ、耳をふさげばふさぐほどより明瞭になり、ひとりで歩いているときはさらにうるさかった。

いつか「スユノモ」である先生が、わたしたちにとってより危険なのは安定することだと語ったことがある。その先生が言うには、万一そうなればそれまで隠れていたあらゆる内面の欲望がすべて出没するようになるのであり、かなり見るに値する（？）争いが勃発するだろうとのことであった。わたしがまさにそれであった。静かに心の勉強でもしようと仲間たちと別れ、家族からも離れたのだが、いざ逃げてきたところで気づくと戦場に飛び込んでいたというありさまなのだから。記憶の中で冷凍保管されていた過去のあらゆる良くない出来事が生き生きとわたしに飛びかかり、わたしは匂いを嗅ぐ犬のようにそこから鼻を離すことができなかった。

今でこそ一息をついて言うのだが、いつか『考えること』という本を出したことがはずかしかった(11)。一〇代のための哲学書などと銘打って出したその本でわたしは「哲学をする」ということは「鷹揚になること」だと言った。ところがその言葉を学び直さねばならないのはまさにわたしのほうだったのだ。

中国の南宋時代の禅師である大恵僧は騒々しいところを離れて静かな場所で学ぼうとする者にこのよう

に語ったことがある。「世間の煩悩はめらめらと燃え上がる炎のようであるからして、その炎がいつ止むことがあるでしょうか。ほかでもない騒々しい場所でこそ学ぶことを忘れてはなりません」(12)。「万一静かな場所を正しいとして騒々しい場所を間違っているとするならば、それは世間相をなくして実相を求め、生滅を失って寂滅を求めることとです。静かなものを好み騒々しいものを嫌う時こそまさに力を尽くして学ぶということをおこなうべき良い時期です。騒々しさの内で突然静かな時の境界を飛び越えることができるなら、その力が座布団に座って勉強することよりも一千、一万、一億倍も秀でたことなのです」(13)。

わたしを含んで学びを事とする者に容易くやって来る誘惑のひとつが世間の騒乱から脱出しようとすることだ。世間の煩多な物事にわずらわされるたびに静かなところで勉強したいという熱望が満ちあふれてくる。ニーチェの言葉のように、どうかすると哲学者たちが追求する真理そのものがそのような逃避的性格を持っている。生滅を反復するわたしたちの経験の世界、すなわち現象界は無価値なものであり、真理こそは普遍の世界、つまり実在界にあるという考え。哲学者たちはこの世での生を幻と見て真の世界を追求するのだが、実のところその真の世界がまたひとつの幻であるというありさまだ。

勉強する者は騒々しい場所を避け静かなところを探すが、もしかするとわたしたちが学ぶ目的とはまさに騒々しい場所においてある静けさを得ることにあるのだろう。世間と距離を置くのではなく、世間の中で距離を置くことを学ばねばならず、世間から抜け出すのではなく、世間そのものをして抜け出させることが学びであるのだろう。大恵僧が「座布団に座って勉強することより一千、一万、一億倍も秀でている力」と呼んだものがまさにそこにあるのではないだろうか。「頭に点いた炎を消すようにして学べ」(14)。禅師の言葉がわたしの精神の背を打つ。

※一　研究空間〈スユ＋ノモ〉は、ソウル大学の「ソウル社会科学研究所」を拠点として研究をしていた李珍景《イ・ジンギョン》、高秉權を中心とする数名の社会科学研究者たちが独立して「研究空間〈ノモ〉」を作ろうと構想していたところ、韓国古代文学研究者の高美淑《コ・ミスク》が水踰《スユ》という場所に開いた「水踰研究室」と出会い誕生する。研究と知識生産の場、かつ日常生活の場であった〈スユ＋ノモ〉は、研究の成果である知と、それを生み出す日常生活、すなわち生との間の乖離を限りなく埋めようとする実験であった。本文にも現れる二〇〇八年の混乱を経て〈スユ＋ノモ〉はいくつかのグループに分かれるが、現在まで「スユノモ」という名を残している場所としてはノマディスト・スユノモN http://nomadist.org/xe/ がある。

註

(1) レベッカ・ソルニット、高月園子訳『災害ユートピア――なぜそのとき特別な共同体が立ち上がるのか』、亜紀書房、二〇一〇、二三頁

(2) 邦訳は前出、『災害ユートピア』

(3) 同書、四三九―四四〇頁

(4) フリードリッヒ・ニーチェ、川原栄峰訳『この人を見よ／自伝集　ニーチェ全集15』、ちくま学芸文庫、一九九四、一五頁

(5) フリードリッヒ・ニーチェ、信太正三訳『善悪の彼岸／道徳の系譜　ニーチェ全集11』、ちくま学芸文庫、一九九三、五一四頁

(6) カフカ、マックス・ブロート編、飛鷹節訳「罪、苦悩、希望、真実の道についての考察」『田舎の婚礼準備／父

への手紙　カフカ全集3』、新潮社、一九八一、二九頁
(7) 魯迅、竹内好ほか訳、増田渉ほか編『魯迅選集　第3巻』、岩波書店、一九六四、一五一頁
(8) 同書、一五一頁
(9) 同書、一五一—一五二頁
(10) 同書、一五二頁
(11) 고병권、《생각한다는 것》、너머학교、2001
(12) 대혜스님 지음、원순 옮김、《禪 스승의 편지》、법공양、2002、60쪽
(13) 같은 책、61쪽
(14) 같은 책、73쪽

第二章

学びの手前で学びは起きる

力を見よ

「老爺老婆に円熟美のようなものを、子供たちの魅力を純潔な目によって見い出す」(1)。初期ローマ皇帝の中にはストア哲学に精通した者たちが多かった。今しがたわたしが引用した文章の主人公、マルクス・アウレーリウス皇帝もそのうちのひとりだ。老爺老婆から衰えの代わりに円熟美を、幼い子供から幼稚さの代わりに天真爛漫さを見る目。わたしはそのようなストアの目が非常に好きだ。

この世界に存在するものたちはみな互いに比較されることを許さない独特さを備え持っており、他のものによっては代替できない固有な徳を帯びている。わたしたちがある存在を知っているということはすなわちその力を知ることだ。そしてその固有な力を理解した後に初めて、わたしたちはその存在に随伴しているかもしれない「弱点」や「苦境」をどんな「悪意」もなしにありのままに見ることができるようになる。

後日になって『光海君――その危険な鏡』という題の本にまとめられた講義を聞いたことがあるのだが、それはこの本の著者、オ・ハンニョンとわたしが非常に独特な仕方で互いの講義を受けたときのものだ(2)。彼は金曜の午後に開かれるわたしの講義に、わたしは同じ日の夕食後に開かれる彼の講義に参加した。午後には彼がわたしの学生であり、夕方にはわたしが彼の学生であった。

彼については数年前から知っており、また好きな先輩の学者ではあったが、具体的に考えてみるとわたしたちは学問的には緊張関係を形成しうる間柄である。わたしの考えでは彼はあまりにも「事実」についての確認を重視する。彼はこの点で特定の解釈が支配する歴史学よりは、「事実」に対する忠実な考証に基盤を置く歴史学が歴史を救うだろうと語る。しかしニーチェを好むわたしは「事実」よりは「解釈」により関心を持つ。わたしは「事実」に対する執着こそ特定の態度、特定の解釈に基盤を置いたものだと批判する。

事物と世界を眺める立場においてもわたしは彼との差異を感じる。わたしたちが生きる現在という時代を基準として考えてみるなら彼の政治的立場は進歩に近い。だが当面の政治的問題を離れて事物を眺めるとき、彼の基本的態度はむしろ保守的な印象を受ける。たとえば彼は「生において改革と革命が必要な時期がある」と前提するものの、それでも「生命は……安全を要求しその安全感にしたがって体は清々しくなっていく」と語る。したがって政治や社会を眺めるときも「国政の安全」のようなことを重視する。わたしが民主主義を「制度の外」、さらに進んで「体制の外」で思惟しようとする一方、彼は「制度の安全」がもつ重要性をわたしに指摘する。ともあれ、「世間は変化であり、普遍とはひとつの意見であるのみ」だというわたしの視角と、「生命は安全を要求する」という彼の視角の間には見方によっては根本的な差異が存在する。

しかし、それにもかかわらずわたしたちは二ヶ月のあいだ継続して講義に参加し合い、その過程を十分に楽しんだ。わたしは、それを可能にしたのが「目」であったと思う。先に述べた「ストア派の目」のことだ。事物であれ、人物であれ、時代であれ、わたしたちは互いに「見たもの」は違っていても、「見ようとすること」自体は同じだ。何かを理解するために、それが持つ固有の「力」を知らねばならないという点では通じるのだ。

彼が執筆した歴史書のなかで『朝鮮の力』という本がある(3)。この本において彼は光海君〔李氏朝鮮の第一五代国王〕に対する世間の評価をくつがえした。よく知られているように、光海君は仁祖反正〔光海君に対する宮中クーデター〕で追放された君主だ。朝鮮において長く彼に対する評価は否定的であったが近来〔著書によれば日帝強占期植民史学〔日本植民地統治期において確立された近代主義的歴史学〕以降〕光海君についての評価が肯定的なものに変わった。光海君が滅びゆく明と浮上する後金〔一七世紀に興った満州人の国家。清の前身〕の間で実用主義外交を展開し、既得権を握っていた両班たちの反対にもかかわらず大同法〔負担の大きかった貢納制にかえて新たに導入された税制〕などの民生改革を推進した君主であったということだ。だが著者は資料に基礎を置きながら、光海君についての「二〇世紀の再評価」を再びくつがえそうとする。彼自身の表現を借りれば、一種の「反正」だ。

彼が引用した諸資料に対する評価と解釈は関連する学者たちの仕事であるかもしれない。だが、わたしの考えでは彼の狙いは光海君その人についてではない。つまり、彼は光海君個人の公正なる評価、すなわちその毀誉褒貶を定めようとしているのではない。彼が学問の法廷に立たせることを望むのは、歴史を眺める理念かつ方法論としての「近代主義歴史学」そのものだ。だから光海君が問題になったのは光海君個人のためではなく、光海君が復活する文脈、彼を復活させるにおいて前提された歴史に対する視角のためだ。

壬辰倭乱〔一五九二年、一五九七年の二度に渡る豊臣秀吉による朝鮮出兵の朝鮮における呼称。日本ではそれぞれ、文禄の役、慶長の役と呼ばれる。〕以降の朝鮮を見る多数の歴史学者の視線には「なぜ朝鮮は近代化に失敗したのか」という問いが下敷きにある。敗亡と植民地化というわたしたちがよく知っている朝鮮の未来をそれ以前の時間へと引き戻して朝鮮を批評するのだ。そうしてみると近代への移行を防いだり近代化について無能であった要因を朝鮮において見い出すことが歴史学者の仕事のようになってしまった。古い性理学的〔中国で宋代から明代にかけて興った儒教の一学派〕理念から抜け出せずに世界の物情を知らず、党の間での争いを仕事とする無能な朝鮮後期のイメージがそうやって作られた。むしろもっと早く滅亡していたならもうすこし強い近代国家を建設する契機が準備されただろうという嘲笑が入り混じった語りすら現れる。もちろんこのような考えに反対する歴史学者も多い。彼らは朝鮮のなかに自生的な近代化の諸要素があったと語る。たとえば経済的に経営型の富農が生じていたとか学問的に実学が誕生したとかいった仕方だ。だが彼はこうしたことのすべてが実体が不分明であったり非常に限界のあるものだと語る。本当に深刻な問題はほかにあると考えるのだ。近代社会をあらゆる社会が到達すべき目標として想定し、そのようなまなざしから近代以前の社会を評価すること、それこそが病弊なのだ。

近代社会を目標地点に置いてみると近代以前のあらゆる社会はせいぜい「近代社会の未熟児」になってしまう。近代の物差しで以前の歴史をすっかり覆い尽くしてしまうのだ。わたしはいつか酒の席で彼が憤慨しながら吐露した言葉を記憶している。「われわれはともすれば「前近代的」という言葉を悪口のように使います。前近代的労使慣行といったふうに、です。ですが労使慣行そのものが近代的なものである以上、「前近代的」だと言われるそうした慣行は近代社会であるわれわれの社会の病弊であり、前近代社会で生じたことではありません」。自身の恥部を過去の社会に責任を負わせるわれわれの時代の誤った習慣だということだ。

そうしてみると彼の嘆きにも共感が行く。彼はこの土地で最も長く持続した王朝、なんと五〇〇年以上にわたって持続することができた朝鮮自体が持った「力」が何であったかをわたしたちがよく知ってはいないと語る。朝鮮が持った「力」についての彼の解釈には留保すべき部分があるかもしれないが、朝鮮をそれが持った「力」から思惟しようとする態度にはわたしは完全に共感する。わたしは未だに解釈と無関係に存在する事実を信じないが、「事実を解釈に動員」する歴史主義に立ち向かい、「解釈に抵抗する数々の事実」を露にする文献学者としての彼の態度を支持する（わたしの考えではそれこそ「解釈に立ち向かう解釈」をも可能にするためだ）。

何かについて思考するときは「力」を見なければならないということ。わたしもまたこのことについて考えてみる機会があった。ニューヨーク大学で「スユノモ」での経験について発表した時だった。一九九八年に生まれて二〇〇九年にいくつかのグループに分かれるまでの（事実上一〇年を超えた実験はひとまずそのようにして一段落がついた）わたしたちの活動を紹介した席であった。英語が流暢ではないためにわたしは発表文を準備しながら聴衆の質問を予想して英語で簡単にメモをしておいた。そのとき、わたしが予想した最初の質問とは「スユノモ」がなぜそれ以上持続することが出来なかったのかについてのものであった。ところが実際にその場で出た最初の質問は完全に反対であった。発表を聞いていたひとりの学者がわたしに問うた。「いったい一〇年以上もの間「スユノモ」を維持することができた秘訣は何ですか?」フランスのパリ・コミューンを研究する学者だったのだが、彼はそもそも自律的な共同体が作られることも難しいなかでそれが一定の期間存続するということは本当に困難なことだと付け加えた。

その質問を聞いたとき、わたしは当惑した。わたしは「スユノモ」の「力」ではなく「弱さ」について答えるための準備していたのだ。そしてその「弱さ」というのも、それこそ共同体一般論を披瀝したものに過ぎなかった。考えてみれば本当にそうだ。何かをしようと試みたことのある人なら共感するだろうが、「できる理由」ひとつを知ることは「できない理由」一〇〇個を知ることよりもはるかに重要だ。もちろん「できない理由」も参考にはせねばならないだろうが、何かを実行することを可能にするのは究極的にはそれが「できる理由」なのだ。要するに、わたしたちは「力」を見なければならない。

直してくれる人と壊してくれる人

「彼」は自分が哲学のあらゆる本質的問題を解決したと信じた。したがって高い場所につづく「梯子をのぼり切るとその梯子を投げすてて」しまうように哲学を止めてしまった(4)。彼の師、バートランド・ラッセルは彼に出会って間もない時期に恋人に送った手紙で彼を「まさにわたしの夢そのもの」だと激讃した(5)。しかしいつからか教え子は論理的推論において師の知力を超え始めた。世間を驚愕させたある本が発表されたときラッセルは紹介文をつけ加えたのだが(出版社はだれも理解できないようなこの本を売るためにラッセルの文章が必須だと信じた)、このとき彼は自らの師が本をうまく理解することはできなかったのだということを確信した。

彼の本をまともに理解したと言えるような人は多くなかったにもかかわらず、奇妙にもある瞬間からはその本の偉大さを疑う人もいなくなっていった。彼はその有名な本を発表した後、本当にもうあらゆる仕事を解決したかのように田舎へと発ってしまった。それから一〇年ほど後に彼がケンブリッジに戻ったとき、経済学者のケインズは友人たちにこのように語ったという。「さて、神が帰ってきたぞ」(6)。

まさにその「彼」こそ哲学者ウィトゲンシュタインであり、その本が『論理哲学論考』(以下『論考』)である。本の序文で彼は哲学的問題とは、「言語の論理に対する誤解から起因」するものであり、この本が込めたメッセージは次の短い文章によって表現し尽くすことができるとした(7)。すなわち、「およそ語られることは明瞭に語られうる。そして、語られえないことについてはわれわれは沈黙せねばならない」(8)。どうかして見るとあまりに自明であり、あるいはあまりにも不可解なので、語るのも沈黙するのもはばかられるようなこの短い文章によってである。

ここで『論考』の内容を仔細に解説しようというのではない。わたしがここでしてみたい話とはある「反対」ないし「批判」についてのものだ。あまりに完全な建築物に見えたこの本においてもあるものが欠けていることが発見された。『論考』の主張に内包された問題を指摘した二人の人物がいたのだ。わたしが今からしようとする話はこの二人の指摘についてウィトゲンシュタインが見せた態度だ。

ところで、この『批判』を理解するためにはまずおおまかに『論考』の主張を把握しておく必要がある。通常ウィトゲンシュタインが『論考』において展開した主張を「論理的絵画理論 theory of logical portrayal」と呼ぶ。ウィトゲンシュタインは世界とは事物ではなく数々の事実(事態)から形成されていると主張した(「世界は諸事実の相対であって諸事物の相対ではない」(9))。たとえばりんごという事物そのものはなく、世界にはただ「赤いりんご」、「丸いりんご」、「砕けたりんご」のようなものだけが存在する。すなわち、りんごとは「このりんごは赤い」、「このりんごは丸い」といった事実によってのみ存在するということだ。そしてこのような事実において存在する連結（「りんご」と赤の連結）を言語で表現したものが命題だ。言語と事物はまったく似てはいないが（「赤い」という言葉は全然赤くない）、事物としての「りんご」と「赤」が連結するように、「りんご」という言葉と「赤」という言葉も連結する。だから命題（「このりんごは赤い」）とは現実に存在する「赤いりんご」を言語で描いたようなものだ。反対に「歌を歌うりんご」という表現において「歌」と「りんご」は言葉としては連結するが、現実においては不可能な連結（口がないりんごと口で歌う歌は不可能な連結だ）であるために初めから命題になることはできない。ウィトゲンシュタインはわたしたちのすべての諸命題が集まれば、世界についてのわたしたち自身の明瞭な考え、すなわち「思考 thought」になると語った。

演奏者が記号で表示された楽譜を見て演奏するように、あるいは反対に演奏された曲を作曲者が再び楽譜に移し置くように、わたしたちの言語は世間の物事を論理的な絵画として描いたものだ。それ自体によっては音が出ない楽譜がメロディーに転化しえ、音であるメロディーがそれ自体では記号に過ぎない楽譜に転換されえるということは、質的には異なるふたつの表現の間に何か共通する秩序が存在するためだ。

ウィトゲンシュタインの言葉を借りるなら、諸事物はある論理的形式に従って連結している。わたしたちがもつ命題、そしてその諸命題から構成される言語が「諸事物の論理的形式」によく従うようになれば、わたしたちは世界を明瞭に認識していると言える。「われわれがひとつの命題を理解するということは、その命題が真であるときに何が起こるのかを理解することができるということだ」(10)。このような事物の連結形式に違反したりそれを超越したりするならば、わたしたちの言葉はすべて「そらごとnonsense」や「語りえないことについての言葉」になってしまう。

哲学とは何か。ウィトゲンシュタインはそれが真理を探求する特定の学問分野ではなく、言語の使用を明瞭にしてくれる活動であるとした。すなわち、哲学とは様々な学問の主張の傍らで、それら各々の主張を明瞭にしてくれる活動のようなものだ。哲学は、語りえることと語りえないことを区分してくれる役割を持つのだ。

『論考』についての説明はこれくらいにしておこう。ウィトゲンシュタインは問題を解決したためにもはや必要なくなった梯子を蹴飛ばすかのように哲学界を離れていった。ところがケンブリッジ大学に通っていたフランク・ラムゼイという青年が問題を提起した。ラムゼイは弱冠一八歳という学部生の時期に『論考』を英訳した人物であった。彼は翌年『論考』についての書評を雑誌に寄稿したのだが、これがウィトゲンシュタインの目を引いた。田舎にいたウィトゲンシュタインはラムゼイを招待して『論考』を一緒に読み進めた。そしてその後にラムゼイと手紙を何度か交換した。そうしている間にウィトゲンシュタインは『論考』に重大な誤謬が存在することに気が付いた。

『論考』にはいわゆる「色彩—排除color-exclusion」問題が現れるのだが、ラムゼイはこの問題に含まれているある箇所が『論考』のほかの命題と衝突すると指摘した。ここでその内容を仔細に説明はしないが、ラムゼイはウィトゲンシュタインのいくつかの主張を撤回するだけでその問題が解決されると信じた。だが、『論考』という「完璧な建築物」の設計者であったウィトゲンシュタインの考えは違った。彼はこの問題が単にいくつかの命題に局限されるものではなく、本全体の主張に破壊的影響を及ぼすほかないと判断した。「完全な建築物」においてはたったひとつの不具合が全体を崩壊させうる。たとえそれがとても小さなねじだとしてもだ。

結局、ウィトゲンシュタインは再び哲学界へと戻って来なければならなかった。ところで本当に驚くべき点とは、みなが賛嘆したその美しい建築物を破壊するにあたって彼がいかなるためらいも見せなかったということだ。彼は問題に対する自らの接近法を丸ごと変えてしまった。そうして人々が言う「もうひとつのウィトゲンシュタイン」、すなわち前期の立場とは事実上正反対の側から前期と同じくらい偉大な哲学的立場を開陳した「後期ウィトゲンシュタイン」が誕生した。


哲学史においてもうひとつの里程標になった「後期ウィトゲンシュタイン」の本、『哲学探求』の序文には彼自身の見解を再び根本から検討させることになったイタリアの経済学者の名前が現れる。それがピエロ・スラッファだ。ウィトゲンシュタインとスラッファはケンブリッジでしばしば共に会話を共にしたというが、ここには有名な逸話がある。あるときウィトゲンシュタインがスラッファに、「命題とそれが表している事柄は同一な論理的形式を表現していなければならない」と語ったという(11)。前期ウィトゲンシュタインの核心的主張の中のひとつだ。するとスラッファは指の先で自分のあごをなでる行為をした。ナポリの人々が嫌悪や軽蔑を表現するとき使うジェスチャーである。そうしてスラッファは問うた。「ならばこの仕事の論理的形式は何でしょうか?」(12)

スラッファの身振りは明らかに命題ではなかったが、しかしある意味を帯びていた。さらにその意味は社会的脈略と状況を理解してのみ、つまりその「用法」が分かって初めて知ることができるものであった。

論理学が扱う命題は極めて純粋で鮮明でなければならないのだが、それは日常の言語使用とは非常に異なっていたのだ。「「だれかがおおよそこの辺に立っている」と言うとして、この言葉は果たして何の役にも立たない言葉なのだろうか？」[13]あるいは料理のレシピに水を一〇〇ミリリットル入れろと書かれているとき私たちが科学者たちが実験をするときのように精密に測らねばならないのか？　私たちは料理師が科学者と同じ精密性を守ることができなかったことを非難しはしないだろう。こうして、ウィトゲンシュタインは自身が前期に主張していた理想的な諸条件が現実とは乖離した空虚なものではないかという疑いを抱くようになった。どんな摩擦も存在しない水晶体のような言語、それは天空の言語ではあるかもしれないが大地の言語ではない。彼はそのような「摩擦のない氷盤」に歩み入っていくことはできないということに気が付いたのだ[14]。

スラッファの質問を契機として、ウィトゲンシュタインは自身の哲学を根本的に修正する。言語をまともに使用するためには状況をあまねく見渡すことが必要であったのであり、哲学が「語りうること」と「語りえないこと」を分かつ、思考の明瞭な活動ではなかったということを悟ったのであった。哲学者は事態の周囲を万遍なく見渡す人間でなければならない。論理学者たちは現実に論理的形式を付加しようとするだろうが現実はそのような論理をはみ出さずにはいない豊かで多様な形式をもっている。以降、ウィトゲンシュタインの生に対する態度がどのように変化したのかは容易に推し量ることができる。

ところで、ウィトゲンシュタインの日記には『論考』の誤謬を指摘したラムゼイに関する短いメモがある。『哲学探求』の序文ではラムゼイとスラッファの双方から大きな力を得たと語ったものの、より内密な日記では彼について少し違った仕方で記したのだった。「優れた反対は人が前に進むのを助ける。だが、皮相な反対はたとえそれが妥当なものであったとしても人を困憊させる。ラムゼイの反対はこの種のものだ。そのような反対は、問題をその生を成り立たせている根から把握することができず、それがあまりに外側にあるために、仮にその問題が間違っていたとしても何も直すことが出来ない。優れた反対は直接に問題解決に役立つのに対して、皮相な反対はいったん克服された後には脇にのけてしまうことができる。あたかも樹木が生長するために幹のこぶのところで曲がるようにだ」(15)。

前期ウィトゲンシュタインの『論考』をだれよりもよく理解し、愛していたためにいくつかの些細な問題を直すことによって真っ直ぐにしようとしたラムゼイ。初めから問題設定自体を無視して打ち砕いたスラッファ。自身が打ち立てた偉大な建築物を快く打ち壊し、全くもって新たに再開したウィトゲンシュタイン。そのようにして三人はいた。あなたはこれら三人の態度について、どのように考えるだろうか?

学びを準備する必要はない

週末になるとわたしはしばしば娘の手を取って本屋に行くのだが、子供の本を買いに行く途中で青少年コーナーを通り過ぎることになる。そこで書架を満たしている本の大部分はさまざまな学習参考書であり、いわゆるベストセラーはたいていがあれこれの「勉強法」だ。勉強する数十万の学生たちが買っては読むという「勉強法」という名を掲げた本の数々。わたしは読んでみたことがないのでどんな内容なのかは知らない。ただ、その表題は何かを思い起こさせる。そう、その本たちはあたかも、「勉強ができないのは勉強する方法を知らないため」だと言っているようなのだ。だから、これらの本によればまず方法を知れば勉強ができるということなのだが、このような主張と関連して思い浮かぶある哲学論争がある。

哲学をもまた勉強の一種として考え、そのための別途の「方法論」を主張する人々がいる。真理を求めようとしてもその探求の仕方が間違っているならむなしい徒労に終わるという考えに基づくものだ。「考える。それゆえ存在する」と語った哲学者デカルトもまたそのように考えた。彼は『精神指導の規則』という本でこのような例を挙げた。鍛冶屋がいるとしよう。おそらく彼はただちに刀やかぶと、あるいはその他の金物を作ろうとはしない。彼はそのようなものを作るために槌と金敷き、やっとこおよび他の道具も必要だということを知っているためだ。その場にそうした道具がないなら小石や木の枝を使って必要なものを作るだろうが、ともかくもつまるところ刀やかぶとなどをそれらによって作ることはできない。だから彼はまず槌、金敷き、やっとこのようなものを作ることに集中するだろう。

デカルトは話をこのように整理した。「われわれが最初に発見できるものは技芸によって獲得されたものというよりはわれわれの精神に内在しているように見える簡単な諸規則であるため、われわれはこの諸規則をもってただちに哲学上の争点を判定しようとしても、また数学の困難を解決しようとしてもいけない。むしろわれわれは真理探究にとってより緊急に要求される問題の探求においてこの諸規則を活用せねばならない」[16]。ここで彼が「真理探究により緊急に要求される問題」と語ったものがまさに「方法」だ。デカルトにとって方法は真理探究のための一種の「事前準備」だと言える。

ところが、哲学者デカルトによるこの有名な整理に対してスピノザが問題を提起した。われわれの認識のためにある方法がまず必要だとするなら、その方法を知るためにはまたさらなる方法が必要ではないのか？　方法を知る方法、そして再び方法を知る方法を知るための方法……。「真理探究のために事前に要求される方法」が必要だと考えるようになるとわたしたちはこのような無限の退行という問題に接近するほかない。スピノザは『知性改善論』でデカルトを狙いを定めて次のように語った。「金属を練磨するために金敷きが必要なのだが、金敷きを手に入れるためにはこの金敷きが作られねばならず、このためにはまた他の金敷きおよび他の諸道具が必要なのだが、これらを手に入れるためには他の諸道具が必要であり、このように無限に進行する」(17)。

整理するなら、デカルトは真理を獲得するためにわたしたちには「金敷き」のような「事前準備」がかならず必要であるためにそれを手に入れることに力を注がねばならないとした。そのような準備なしにただちに真理を獲得する仕事に着手してはいけないと。彼に対してスピノザは真理を手に入れるための事前準備は必要ないと語る。準備はその「準備のための準備」という問題を延々と提起し続けることになるのであり、あたかも勉強をすると言いながら鉛筆を削っている学生のように認識は遅延し続け、結局のところ懐疑主義者のようにわたしたちには認識することはできないと語ることになるだろう。

だが、とにかくも人々は実際に金属を練磨するのであり、また思考を行う。論理上では「方法のための方法」、「準備のための準備」という問題のために認識できないはずなのだが、人々は実際には認識を行っている。このことはいかにして可能なのであろうか？　わたしたちの論理上の問題はほかでもない、「方法」が「認識」の先行条件だと考えたところにある。そのような考えのためにわたしたちは先行条件を果てしなく考えねばならなかったのだ。

しかし、スピノザ式に言えば知を生産するための先行条件のようなものはない。方法とは学びの先行物ではなく学びの結果物だ。たとえば、泳ぎ方を知った後で初めて水に入り泳ぐことができるようになるのではない。むしろ、水に入って手探りであっても泳ぎ始めた後にはじめてわたしたちは泳ぎ方を知るようになる。事実、「泳ぎ方を知る」という言葉は「泳ぐことができるようになる」という言葉と異なるところがない。だから、「泳ぐこと」と「泳ぐ方法」とが別々に存在するのではない。泳ぐことができる限り、わたしたちはまた泳ぐ方法をもすでに知っているというわけだ。

デカルトが挙げた例にスピノザの考えを当てはめてみればこうだ。おそらくは初めて学ぶことを開始する人にとって「金敷き」のような洗練されたものがただちに与えられはしないだろう。槌として使えるものは周りに散らばっている小石に過ぎず、やっとことといえば単なる木の枝に過ぎないかもしれない。だがまさにそれこそ認識の、そして学ぶことの始まりだ。わたしたちがそれらによってなにかをつくり出す限りにおいての話だ。その次には火打石を使って火を作り出し、その火でもって青銅を作り出す。青銅で作った槌で鉄鉱石を掘り出してはそこから鉄を抽出し、ついには金敷きを作り出して最後にはかぶとや刀を生産し出すだろう。かぶとや刀をつくるときに必要な「金敷き」は、青銅の場合の槌がそうであり、またその後で手に入れるかぶとや刀がそうであるように、ただ知の過程で得るものであって絶対的に事前に準備せねばならないものではない。

わたしがいま小石と木の枝だけしか持っていないからといってまだ学び始めることができないと考えるのは誤りだ。それは学ぶことを先延ばしする口実にはなりうるが、学びに対する真の認識ではない。学びはいつでも開始することができるのであり、また当然のことだが、まさに開始することによってのみ開始されるものだ。学ぶという営みは自分が現在持っている微弱なものから始めて知を生産し続ける過程でより先へと進んでいくことであり、ある方法を知ったからといって一度に到達するものではない。真理へ至る方法がその歩みと別々に存在するのではなく、真理が行く道がまさに真理の方法だ。そして学びとはその道を自らつくり出しながら前に進んでいくことなのだ。

わたしたちは知らないことを教えることができる

勉強とは何かを学ぶことだ。ところで、わたしたちはいったい何を学ぶのだろうか？　わたしたちが知らなかった知識と情報だろうか？　教師はわたしたちにそのようなことを教えてくれる人なのだろうか？　一八一八年、ルーベン大学のあるフランス文学講義室で起こったことはわたしたちのこのような考えを恥入らせる。

はじめは教師も学生もまことに困った状況に置かれていた。当時オランダ領であったこの地域の学生たちの大多数はオランダ語を話した。彼らはフランス語を全く解さなかった。ところが、フランス人の講師はオランダ語を全く知らなかった。学生は教師の言語を知らず、教師は学生の言語を知らないというのに、いったい何かを学び教えるということが可能なのだろうか。だが驚くべきことに、この授業を受けた学生たちはフランス語を話し始め、フランス語の文章をほとんど作家水準で書き上げた。教師は教えることができなかったが、学生たちは学ぶことができたのだ。

ジョセフ・ジャコトー。当時オランダ語を知らないままオランダの学生にフランス語を教えた、いや教えることはできなかったが彼らをして学ぶようにさせた教師の名前だ。哲学者ジャック・ランシエールはジャコトーを「無知な教師」と呼んだ(18)。博識な教師がその知識を弟子に伝達するという通念に照らし合わせてみるなら、「無知な教師」という言葉は教育学の通念に対するとてつもない挑発であるに違いない。

ひとまずジャコトーの教授法、すなわち教えることはできなかったが学ばせることはできたその過程がどのように進行したのかを見てみよう。ジャコトーは自分と学生たちを結ぶ一本の糸を探した。当時、フランス語とオランダ語の対訳版が出版されていた『テレマコスの冒険』という本があった。この本にはフランス語とオランダ語が一緒に載せられていたので、ジャコトーは学生たちにオランダ語翻訳文を参照してフランス語を学ばせた。彼は学生たちにテキストの一部を暗唱させ、それが上手くいっているかどうかだけを確認した。ジャコトーはフランス語の綴字法も、動詞変化も全く教えることができなかった。オランダ語を知らなかったためだ。しかし、学生たちが自分が知っている単語に相応するフランス語の単語を見ては合っているかどうかを確かめた。教師のジャコトーは相変わらずオランダ語を話せなかったが、学生たちはある瞬間からフランス語を駆使しはじめた。彼らはジャコトーが教えず、また教えることもできなかったフランス語の綴字法と動詞変化を完全に理解してしまった。

興味深い事実は、教師のジャコトーその人もまた彼の学生たちと同じ体験を経ていたということだ。一七九二年、彼は中学校で修辞学の教師であった。当時はフランス革命の直後であったために情勢が不安定だったのだが、同じ年に武装蜂起に対する訴えを聞いて彼はただちに砲兵隊に入隊した。度重なる偶然のなか、仲間の推戴を受けて将校になった彼は仕方なく砲弾が飛ぶ軌跡を正確に計算する術を学ばねばならなかったのだが、これを習得した彼は驚くべきことにかなり優れた砲手の実力を発揮した。修辞学の教授でありラテン語の文献学者であった彼が優れた砲弾射手になったのは、しかし事の始まりに過ぎなかった。彼は火薬を扱う部署にしばらくの間勤務した後、軍に入隊した労働者に短期間で科学を教える任務を遂行することになる。いくらか後には理工系高等教育機関である「エコール・プリテクニック」で行政職として勤務することになったのだが、その渦中に数学者になってディジョン大学で数学を教えもした。話はここで終わらない。さらに後に彼はヘブライ語まで教えることになったのだ。いつも状況はあまりに危急であり、多くの場合彼は教えてくれる人なしに物事をやり遂げねばならなかった。その度に彼は自分自身から学ぶ能力が発揮されていることを感じたのだ。

一見すると凄まじい能力者であり天才に違いない。しかしわたしたちがジャコトーを天才と呼ばねばならないなら、その天才たる所以は彼の華麗な経歴にあるのではないだろう。むしろ、彼の天才性は自身の経験の内から導き出された結論、すなわち自分は天才ではないということ、人間はみな全く同じ知的能力を持っているということ、そしてもし自分が天才であるならあらゆる人間が天才だという結論を導き出したところにある。

もちろん、このことはただちに教師が無用な存在だという意味にはならない。重要なことは教師が学びの過程におけるどのあたりでいかに介入するのかだ。明らかにジャコトーは学生たちに博識を伝達しはしなかった。それにもかかわらず、彼は学生たちをして何かをするように仕向けた。強いて言えば、彼は学生たちをある状況のなかへと追いやった。学びの意志が発揮されねばならず、また発揮されうる状況のなかで学ぶ者たちが一人で立つことが出来るようにさせた。まずジャコトー自身がそうであり、後には彼の学生たちもそうであったのだ。彼が介入した部分があるとするなら、それは博識ではなく意志においてであった。彼は教え子をして教師の内面にある知識に到達させるのではなく、教え子たちが自分たちのなかにすでにあるものを自ら発見できるように手助けをする教師であった。ジャコトーは癖のように語ったという。「人間ができることなら君たちは何であれやり遂げることができる」、と(19)。君と同じ知的能力をもった人が名詞を作り上げ、数学記号も作ったのであり、本を書き、絵も描いたのだと。

事実、知的な能力を含めて人間の「能力」とは元来潜在的なものであるために、それがみなに等しく付与されているのかどうかは知る術がない。わたしたちが唯一測ることができるのはただ知的能力が実現された結果のみだ。わたしたちは現実にある人間が何かを成し遂げるとして、それが生まれ持った能力そのものにおける差異のためなのか、あるいは同一の潜在的能力が異なる大きさで現れたためなのか、そのどちらであるのかを知るすべがない。したがって、「人間の能力は平等だ」ということ、あるいは「人間ができるあらゆることを君もなし遂げることができる」という考えは先験的に正当化することの出来ない信仰だ（もちろんその反対、すなわち「人間の能力は不平等だ」ということもまたひとつの信仰に過ぎない）。わたしの考えでは、ジャコトーの偉大さはそのような信仰そのものにおいてではなく、むしろそれを立証しようとした努力にある。彼はだれかがある能力を発揮できないでいるとき、それを生まれもった能力が不平等であることの証拠とはなさかった。その代わり、その人の能力が発揮されるように現実的に助けようとした。これが彼が平等を立証しようとする方法であった。

おそらくジャコトーもまた世間に「愚か者たち」がいることを否認しはしなかっただろう。ただし、彼が下した「愚か者」の定義は他の者たちとは異なった。愚かな者とは能力がない者ではない。愚か者とはただ単に、「欲求が停止してしまった者たち」、「意志が折れてしまった者たち」だ。意志が折れたところで知能は発揮されない。不平等な現実をもとより与えられたものとして受け入れてしまうとき、あるいはまた現実の社会において優越した者であるに過ぎない者たちを本当に自分よりも優越した者たちだと考えてしまうとき、わたしたちは本当に「愚か者」になってしまう。だから、「愚か者」とは自分に不足しているものを知る謙虚な人間ではなく、現実にある差別をそのまま認め、心理的に首肯するために自分の能力を否認し、つまるところ自分自身を無視する人間のことだ。

ジャコトーの哲学（そして彼に対するランシエールの解釈）は、教師と教育が本来何であるのかを実によく見せてくれる。「問題は識者をつくることではなく、自ら知能において劣っていると信じる者たちを立ち上がらせ、彼らを自分たちがはまり込んでいる泥沼から抜け出させることだ。無知の泥沼ではなく、自分に対する無視という泥沼からだ」(20)。教育とは学生の頭の中に何かを詰め込むことではなく、彼らをして目覚めさせることだ。わたしが知っていることを彼が知るようになるということが重要なのではない。自分自身がすでに解放された人間であることに気づくこと、彼自身が能力者だという事実を知ることが重要だ。

ジャコトーにはこのようなエピソードがある。平等に対する堅い信念のためであろうが、当時進歩的人士たちは彼に大きな支持を送った。ところが彼は自分を訪ねてきた進歩的人士に彼が抱えているエリート主義、すなわち自らの理念を人民に教育せねばならないと信じる態度を皮肉る一言を送った。「君、わたしはわたしが知らないことを教えることができるのですよ」(21)。

見物人の心の中に起こった革命

わたしたちは生きているあらゆる瞬間を良く生きねばならない。ギリシアの哲学者、エピクロスが明らかにした子供から老人に至るまでみなが哲学をせねばならない理由だ。ところで、生涯のあらゆる瞬間を良く生きねばならないなら、わたしたちはまた生涯のあらゆる瞬間に「良く生きること」が何であるのかを問わねばならないだろう。ソクラテスの生にわたしが感動する理由のひとつもそのことに関する。彼は毒杯を手にした後も最期に息を引き取る瞬間まで渾身の力で哲学を行っていた人物だ。そうして見ればディオゲネスも同じような話をしたものだ。ある人が彼に、「もう年を取ったのだから休まねばならないのではないのか」と語りかけたとき、彼はこのように答えたという。「何だって？ 駆けっこをしているというのに、いよいよゴールが間近になった時に走るのを止めるべきだと言うのか？」(22)

今からわたしがしようとする話の主人公もまたそのような人であった。イマニュエル・カント。わたしが一番好きな彼に対する賛辞はドゥルーズによるものだ。「偉大な著述家が新たな探求を開始するのが珍しい年齢に、カントは自らを意外な課題に没頭させる問題に直面することになった」(23)。カントが六五歳を超えて出版した『判断力批判』を置いての言葉だ。

前にも言ったように、「何かを始めるには遅すぎる歳」など存在しない。それはおおよそ、何かを始めることが都合が悪かったり、それに怖気づいている人々が慰安として語る言葉だ。しかしやはり、現実には老齢で何かを始めるのは容易なことではない。何かを守り、締めくくるために老年をもちいる人々は多くても、老年になってより大きな自由を渇望し、新たな思索を試みる人は珍しい。過去になし遂げた業績が大きな人であるほどとりわけそうだ。

カントが七四歳のときに出版した『諸学部の争い』は現代の大学の基礎教養学部に該当する「哲学部」と残りの専門学部（法学部、医学部、神学部）との間の関係を扱っている。この本には学問する人々が持つべき、とりわけ大学が持つべき開放的態度（批判理性のほかにはどんな権威も打ち立てず、どんな条件や制約もなしに開かれている精神）、すなわち今日の韓国における大学社会に必ずや必要な主張の数々が込められている。ところで、いざわたしがこの本で興味深かったのは「革命」と「進歩」に対する彼の考えであった。この本においてカントは「人類は絶え間なく進歩するのか」という問いを投げかける。当時彼が話の糸口としたものはフランス革命であった。この本の出版年度である一七九八年は革命が起きてからほぼ一〇年になる時期だ。革命直後の風波が何年か持続したことを考えるなら、文字通り革命の顚末をあらかた見守った後に書かれた文章だと言える。

人類は進歩するのか? 非常にありふれた疑問のようだが、実のところ相当に複雑で挑戦的な問いだ。カントは質問を投げかけておいて、「あなたはこの問いが果たして何を問うているのかわかっているのか?」と問うているようだ。現在わたしたちが探し求めているものは、「過去の歴史ではなく未来の歴史、すなわち予言的歴史なのです」[24]。歴史は過去についてのものであるけれども、それが人類の進歩について語る瞬間、わたしたちは「人類の未来が現在よりもましなもの」だと語っていることになる。つまりわたしたちはそのとき、「未来に対する洞察」としての歴史を語っているのだ。「では、いかにして未だ経験していない歴史を語ることができるのでしょうか?」[25] 七〇という歳が到底信じられないほど彼の問いは挑戦的かつ瑞々しい。

わたしたちの経験は「未だ経験していない歴史」を語るためには充分ではない。たとえわたしたちが現在経験を通じてある進歩を確認しているとはいえ、時間が経ってそれがふたたび退歩するかもしれず、また退歩に絶望しているとしても遠い後日、またの反転があるかもしれない。そのことをどうやって知りうるというのか。しかし、経験が未来を語るのには不十分であるとしても、経験を離れて未来を語ることもまた不可能な話だ。神秘的な占術に没頭するのではない限り、だ。

ここで鍵となるのはわたしたちの経験から未来について示唆してくれる何かを探し出すことだ。占星術師は星を眺めるだろうが、わたしたちは経験を注意深く調べてみなければならない。カントはこのように語った。「人類史には明らかに人類が自らを改善させる力を持っていることを示してくれるある経験、つまりは実際に置きた事件のようなものがあります」(26)。わたしたちはその「事件」をある徴候と見なし、それを引き起こした原因が現在も作動しているのかどうかについて考えてみることができるのだ。

いったい現在のどんな事件がそのような徴候になりえるだろうか。ここでカントは規模だとか華麗さのようなものにだまされてはいけないと語る。「わたしがここで話をしている事件とは最初はちっぽけに見えたけれども実はとてつもない出来事であったとか、あるいはものすごい事件のように見えたけれども実際は別に取るに足らないことであったとかいう、そういった類のものではありません」(27)。本当に重要な事件、わたしたちに人類の改善と未来の歴史について教えてくれる事件は一見するとあまりにも静かに起きる。それは事件の当事者たちにおいて起きるのでもない。むしろカントは見物人たち、すなわちある事件が起きる間、それを見守っている人々の心の中で起きる何かに注目する。「巨大な政治的変動のドラマが起きている間にそれを見守る人々の態度」、本当の革命はそこで起きる(28)。

利害関係の当事者でもない人々がどんな不利益も甘受して前へと進み出る瞬間がある。いや行動に直接進み出ることはないとしても心の中である変化を経験する瞬間がある。自分のことではないのにもかかわらず、それを見守り、心の中に共感が生まれるとき、わたしたちは「個人」ではなく「人類」を感じるのだ。その瞬間においてのみ、わたしたちは「個人」ではなく「人類」が「より良くなっているのかどうか」について何かを語ることが出来る。カントはフランス革命がまさにそのような事件であると考えた。この革命が人類の進歩について何かを教えてくれるとすれば、それはこの革命を主導したフランス人たちのためではなく、むしろ革命を見守り胸の奥で共に参加する欲求を感じた人々、たとえばフランスから一〇〇マイルも離れたドイツ人たちの心の奥で生じた変化のためであろう。「ある才能ある民族がわたしたちの時代に引き起こしたこの革命は成功することも失敗することもあります。しかしわたしはこの革命がそれを見守っていたあらゆる見物人たちの心において、その欲望においてすでに起きていたのだと語りたいのです」(29)。

フランスで起きたフランス革命は失敗することもあり、また革命は同じような仕方では当分の間起きないかもしれない。けれどもフランス革命を生む原因はすでに作動していたのであり、何よりもそれを見守る他の諸民族の心の中で「すでに」起こってしまった。「すでに」起こったこと、それが現実の体制においてどのように具現されるか、いつ膨れ上がるかはあらかじめ決めておくことはできないが、それは「すでに」起きているという点では成功してしまった。ヨーロッパの封建的支配勢力はその具現を妨害するかもしれず、実際にそうなったけれども、革命を見守るヨーロッパ人たちの心の中では封建主義は「すでに」終わってしまった。現実の封建体制がいつ終わるのかはだれも予言することはできないが、なおカントは進歩を確信することが出来た。なぜなら、それは「すでに」起こってしまったことについての事柄に過ぎないためだ。

ニーチェは嵐を呼び寄せる言葉とはもっとも静かな時間に、鳩の歩みでやって来ると語った(30)。だれも気付くことのできない瞬間、当事者すらもわからない瞬間に、重要なことは心の中で起きる。どんな権力者も見物人（ただの見物人というよりはそれを「見守る者」）の心の中で起きる事件を統制することはできない。

最近になって「外部勢力」という言葉を頻繁に聞く。なぜ利害当事者でもないのに割り込んでくるのかと問う人もいるだろう。これに対してカント式に答えるなら、見物人たちの心の中で何かがすでに起こってしまったためだ。そしてわたしたちが「個人」を超えて「人類」について語ることができるのは、「自分のことではないのに痛みを感じ、苦痛をもいとわない」その事件のためなのだ。

学びの前に起きる学び

ノドゥル障害者夜間学校〔※二〕(以下、「ノドゥル夜学」) 開校二〇周年を記念する席で講演するようにと招待を受けたことがある。二〇〇七年に夜学の校長先生をインタビューすることがあって以来この学校と縁を結ぶことになったわたしは、ノドゥル夜学で一学期のあいだ哲学授業をおこない、それ以降もここであれこれの学びをともにしてきた。

開校記念式の講演でわたしが依頼を受けた主題は「ノドゥル夜学の歴史と韓国障害者運動」というものであった。ひそかにノドゥル夜学の足跡に関心があったわたしは快く講演を引き受け、数日間この学校の過去資料を懸命に読んだ(この資料を読んでわたしが感じたことは『生きていこう』という本に詳細に載っている(31))。

過去二〇年のあいだ毎晩、若い大学生の教師たちとより年配の障害者の学生たちがおこなってきた学びの物語の数々は本当に感動的であった。わたしは文章を読みながら胸が詰まり、何度も天井を見上げた。とりわけ若い教員たちが障害者学生たちの生を前にして絶望した場面はなかなか忘れることができない。彼らの中のある者は「明日も俺たちの朝に日が昇ることはないんだろう?」と、またある者は「学生たちの生に向き合うとしきりに胸に何かがもつれるようで酒をあおらずにはいられない」と書き記した。

どんな学びがこんなにも人にしんどい思いをさせるのか？　限りなく堅苦しい中学、高校の教科書を開いて検定考試（日本における高等学校卒業程度認定試験にあたる国家試験）の準備をした障害者たち。だがなぜ彼らは鬱憤と絶望、喜びと希望という感情のローラーコースターに乗らなければ何かを教えることも、学ぶこともできなかったのか？

そもそもノドゥル夜学は「障害者運動青年連合会」という組織が九〇年代初盤に障害者運動の「意識化」のために作った教育機構であった。障害者運動のひとつの方便として夜学をうち立てたのだ。しかし夜学はいったん作られるとすぐさま相当自律的に動いた。毎日のように顔を合わせて苦悩を吐露し、勉学を共にしてきた教師と学生の間に運動家たちが入り込むのは容易ではなかった。教員たちはあわただしく学生たちを集会に連れていき障害差別の現実について特別講義もしたが、基本的には授業そのものが崩れてしまわないように気を配りながら学生たちの検定考試合格に心血を注いだ。

もちろん英単語の一つや二つを覚えて大学入学試験にひっかかったとして、それによって障害者の生が変わることなどありえないということはだれもが知っていた。検定考試合格の証書は、あたかも「たんすにしまったままの免許証」のように個人的な恨み晴らしに過ぎなかった。それによって大学進学を夢見たり就職を考えた障害者はひとりもいなかった。わたしたちの社会において障害と学業、貧困、結婚などの鎖がどのように連結しているかを少し考えてみるだけでその理由は推し量ることができる。障害者を差別する現実を変えない限り学びにどんな意味があるというのか？　ノドゥル夜学の一面には明らかにこのような疑問が存在していた。このような現実を変えるためには障害者の主体化が必要なのだが、夜学がその仕事をせねばならないのではないか。障害者の意識化ということだ。

ノドゥル夜学は学校なのか、運動組織なのか。内部では学業に忠実でなければならないという考えと障害者の意識化と組織化が必要だという考えが緊張感を帯びて共存していた。ところが夜学の学生たちが昔書いた文章においてわたしはとても興味深いくだりを発見した。わたしが発見したのはある「学び」であったのだが、それは具体的な知識や情報を得るそのような「学び」とは異なる次元のものであった。それは具体的な知識を学ぶ以前に起きる学びであるという点で「学び以前の学び」だったと言うことができる。同様にそれは「運動」あるいは「変革」だともいえるが、制度や体制についての具体的な変革以前に人々の心の中で起こる運動であるという点で「運動以前の運動」であったとも言うことができる。

実のところ、わたしはいつか李泳禧《リ・ヨンヒ》先生についての文章を書いたときにも似たことを感じたものだ。李泳禧先生は七〇～八〇年代大学に通った多くの人々から「思想の恩師」と呼ばれ、検察公安部からは「意識化の主犯」として通っていたが、そんな彼が釜山アメリカ文化院放火事件（一九八二年、釜山にあったアメリカ文化院に反米主義者の学生たちが放火した事件）に関連して裁判に立たねばならないことがあった。事件の主導者たちが彼の著作を読んで触発されたとされたためだ。だが興味深くも先生自身は彼らの行動に同意しないと語った。だからつまり、先生自身が同意しないことが先生からの感化を受けて起こったというわけだ。

このときわたしは李泳禧先生が思想の恩師として（あるいは「意識化の主犯」として）行ったことが何であったのかについて考えてみた。彼が思想の恩師、すなわち「考えることの師匠」であったなら、それは彼と「同一の考え」を持った人をつくり出したからではなく、むしろ人々をして「考えるように」させたためではないか。だからこそある人が彼の本を読んで、「冷や水を一杯浴びせられた感じ」と言ったのではないか。それは具体的見解ではなく考えることそれ自体の呼び起こしだ。すなわち、先生は見解ではなく覚醒を伝達したのだ。

もしわたしたちがこのような覚醒を「意識化」と呼ぶなら、それは知識と情報の伝達とは異なる次元において起きる変化の名でなければならないだろう。これはカントが啓蒙の秘密を「知能」ではなく「勇気」において求めた理由と同じだ。彼が思い浮かべた啓蒙された人間とは博識な人ではなく勇敢な人であった。「あえて」問いただし、「あえて」知らせようとする意志と勇気を兼ね備えた人のことだ。だからこそ彼は、「あえて知ろうとせよ Sapere Aude」を啓蒙の合言葉とした(32)。言うなれば、啓蒙とは知識以前に情動において起きる変化であるというわけだ。

わたしがノドゥル学生の文章から発見したと語ったのはこのような変化であった。教科書に忠実であるべきか、変革的知識を伝達すべきか。だが学生たちの変化は実際のところ、まったく異なる次元において起きていた。それは教室においてと同じくらい遠足とMT〔メンバーシップ・トレーニング Membership Training の略。合宿のこと〕において起こり、数学の問題を解くときにも起こったが、歌を歌い踊りを踊るときにも起きた。九六年にある学生はこのように記した。「一〇月の遠足のときテレビで見たことのある、それくらいうらやましかった、焚き火をしながらおしゃべりをしたのがすごく良かったです。……そのとき、夜空を見上げた人が多かっただろうと思います。あらゆる星がわたしたちの傍らに近寄って、わたしたちを照らし出してくれているみたいでした。本当に、涙がこぼれて泣いてしまうところでした。なんだかよくわからない涙が溢れそうになるんですよ」(33)。

テレビでしか見たことのなかったこと、つまりMTで焚き火を囲んで歌を歌うということを自らが経験してみたということ。その瞬間にこの学生が見た夜空は間違いなく彼女のうちに途方もない変革を呼び覚ましたことだろう。これは障害が実際にはどんなことであるのかを知っているなら十分に推し量ることができることだ。「障害 disability」とは、ある本質を持っていることではない。それは教育であれ、就職であれ、愛であれ、生活しながら体験するようになるある「不可能性 disability」の体験であり、そのとき自分自身に起きる「無能」と「放棄」の情動だ。ある不可能性の体験、そしてそれとともに起きる無能感と自己放棄の感情を経るときに初めて人は障害者になる。そして不可能の体験と放棄の感情が大きくなればなるほどその障害は重度になっていくのだ！　わたしたちの社会はこのような不可能の体験と放棄の感情を事実上放置してきた。

ところが、数十年間ただ家や施設、そして作業室に閉じ込められていたある障害者が夜学の仲間と焚き火をして夜空を一緒に眺めた。そのとき、どんなことが起きただろうか。おそらくはその瞬間、彼女はある不可能が可能へと、ある無能が能力へと変わる体験をしたことだろう。そしてその心の奥では情動たちの大変革が起こったことだろう。焚き火とともにある夜空が彼女の内に何かを目覚めさせたのだ。この呼び覚まし、この悟り、そしてこの学びはあきらかにこれから彼女が出会うであろう知識と情報の性格を完全に異なったものにしてくれるであろう。これこそがまさに、「学び以前に起きる学び」だ。

ひとりの障害者女性であった彼女、小さな作業室と寮を行ったり来たりして都心の中の孤島に幽閉されていた彼女は後に寮を出て自立生活に挑戦した。「みんなが、「お前出ていってどうやって生活するの？」って聞くんです。だけど自信がありました。「あたし、外で生活したい。一回経験してみたい」。そんな自信があるんですよ。だから夜学に通いながら部屋を見つけて、自動車免許証も取って独立したんです」(34)。

現在までノドゥル夜学は多くの検定試験合格者を出した。それと同時にノドゥル夜学は障害者の移動権と活動補助サービス〔重度障害者の日常生活介助サービス〕、脱施設および自立生活のためにたたかう多くの障害者活動家も輩出した。だがわたしは、ノドゥル夜学が障害者教育と運動を両立することができたのは、学びと、運動以前のある出来事のためだと語りたい。わたしを呼び覚まし、わたしの心に情動的変革を呼び起こした、あの夜空の星の光のことだ。

※一　韓国では軍事独裁政権下において就学の機会を奪われていた重度障害成人たちを対象にした障害者夜学が九〇年代以降本格的につくられていった。一九九三年に開校したノドゥル夜学もその内のひとつ。ノドゥル夜学では「授業」の面では識字教育から大学入学資格を扱う国家試験である検定考試のための諸科目、美術や音楽、さらには後に外部講師を招いての社会・哲学の授業を行い、また「運動」の面では二〇〇〇年代以降はバスや地下鉄の移動権運動、脱施設運動、障害者自立生活運動を積極的に展開する。この結果、韓国では駅やバスのバリアフリー化が進み、活動補助制度と呼ばれる重度障害者の日常生活介助サービスがようやく二〇〇七年に開始することになる。

註

（1）マルクス・アウレーリウス、神谷美恵子訳『自省録』、岩波文庫、二〇〇七、三六頁

（2）오항녕、《광해군 : 그　위험한　거울》、너머북스、2012

（3）오항녕、《조선의 힘》、역사비평사、2010
（4）ウィトゲンシュタイン、野矢茂樹訳『論理哲学論考』、岩波文庫、二〇〇三、一四九頁
（5）レイ・モンク、岡田雅勝訳『ウィトゲンシュタイン――天才の責務1』、みすず書房、一九九四、七九頁
（6）同書、二七一頁
（7）前出『論理哲学論考』、九頁
（8）同書、九頁
（9）同書、十三頁
（10）同書、四四頁
（11）前出『ウィトゲンシュタイン――天才の責務1』、二七七頁
（12）同書、二七七頁
（13）ルートヴィヒ・ヴィトゲンシュタイン、丘沢静也訳『哲学探究』、岩波書店、二〇一三、八〇頁
（14）同書、八〇頁
（15）前出『ウィトゲンシュタイン――天才の責務1』、二七五頁
（16）デカルト、三宅徳嘉ほか訳『デカルト著作集4』、白水社、二〇〇一、四八頁
（17）スピノザ、畠中尚志訳『知性改善論』、岩波文庫、一九六八、二九頁
（18）ジャック・ランシエール、梶田裕・堀容子訳『無知な教師――知性の解放について』、法政大学出版局、二〇一一
（19）同書、二六―二七頁
（20）同書、一五〇頁
（21）同書、一九九頁
（22）ディオゲネス・ラエルティオス、加来彰俊訳『ギリシア哲学者列伝（中）』、一九八九、一三八頁

(23) Gilles Deleuze, translated by Hugh Tomlinson and Barbara Habberjam, *Kant's critical philosophy : the doctrine of the faculties*, University Of Minnesota Press, 1985, p. xi

(24) カント、角忍ほか訳『諸学部の争い／遺稿集　カント全集14』、岩波書店、二〇一一、一〇八頁

(25) 同書、一〇九頁

(26) 同書、一一五頁

(27) 同書、一一六頁

(28) 同書、一一六頁

(29) 同書、一一六―一一七頁

(30) ニーチェ、吉沢伝三郎訳「最も静かな時」『ツァラトゥストラ（上）ニーチェ全集9』、ちくま学芸文庫、一九九三、二六八頁

(31) 고병권、《〝살아가겠다〟：고병권이　만난　삶、사건、사람》、삶창、2014

(32) カント、　篠田英雄訳「啓蒙とは何か」『啓蒙とは何か／他四篇』、岩波文庫、一九七四、七頁

(33) 홍은전、《그럼에도　불구하고　수업합시다：노들장애인　야학　스무해　이야기》、까치수염、2014、35쪽

(34) 같은　책、37쪽

第三章

些細なことは些細ではない

一足の上履き

わたしたちは周りの事物たちについてどれだけ知っているだろうか？　全羅道のある代案学校（いわゆるオルタナティブ・スクールのこと）へ講演をしに行ったときのことだ。中等過程にいる学生たちに「哲学すること」について講演することになっていた。講演を数多くこなしていても、人であれ空間であれ初めて出会うときにはわたしはなかなか緊張をふるい落とすことができない。さらに田舎の小さな学校を想像していたわたしとしては、予想よりも広く空間の構成も一般の学校とは大きく異なる建物に入り込んでかなり慌てることになった。

約束の場所だった図書館を探してきょろきょろと廊下を見回しながら「本当にきれいなところだなぁ」と独り言をつぶやいた瞬間、わたしの目に飛び込んでくるものがあった。楽しくおしゃべりをしながらせわしなげに動く学生たちがみな上履きを履いており、外靴を履いていたのはわたしだけだったのだ。わたしはすばやく入り口に戻って近くにある下駄箱を調べた。しかし、わたしが履ける上履きはなかった。

どうしたら良いかわからずにあたふたしていると、何人かの学生がわたしを見てどうしたのかと聞いてきた。図書館を探しているのだが、まず自分が履ける上履きがないのだとわたしが答えると、その言葉を聞いたひとりの男子学生はわたしが会う予定の先生を探そうと図書館のほうに駆け出した。ところが一行の中の女子学生ひとりが近寄って来てこのように問うたのだ。「わたしの上履き、履かれますか？」面食らったわたしに、「わたしが履いていたのが私物入れにもうひとつあるんですよ」と言って私物入れに行き、かなり長く履いたように見えるがまだ十分きれいな上履きを一足持ってきてくれた。

わたしはどれだけ良い気分になったかわからない。中・高等学校を訪れると大概の場合、学生たちは見慣れない異邦人に気軽に近寄りはしない。さらに自分が履いた上履きをさっと手渡す学生に出会うなどということは非常に稀なことであろう。一足の上履きを受け取ると、あたかも目の前の学生たちと廊下、学校全体がわたしに馴染みのある色で新鮮に彩られ直されたようであった。

講演を始めながらわたしは上履きを脱いでは手に取り、その名を知らない主人に感謝を告げ、そしてこの一足の上履きが少なくともわたしにとってはこの空間がどんなところなのかを知ることができるようにしてくれた灯火《ともしび》のようなものだと語った。そのときひとりの学生が叫んだ。「お、あれ○○○の上履きだ！」するとあちこちで「本当だ、本当だ！」という声が聞こえてきた。学生たちは互いの上履きを良く知っていたようだ。わたしの目には似たように見える上履きが彼らの目にはみな異なって映っていたのだ。さらに気分が良くなったわたしは、本来計画していた講演内容は忘れてしまって人と事物の共同体の話にはまり込んでしまった。そして、『砕けた未来』という本で読んだソウル駅に野宿していたあるおじいさんの話をした[1]。そこでわたしは事物と人が結ぶ格別な関係、特別な愛を目にしたためだ。

　そのおじいさんは以前に建設現場で働かれていた方のようだ。九七年の外貨危機時に失職し、手かぎと地下足袋だけを持って移動しておられたのを見ると、コンクリートを注ぐ鋳型のようなものを作られていた方なのではないかと思う。いつか復帰できるだろうという希望のうちでチョクパン〔主に労働者が寝泊りする簡易宿泊所〕と野宿を点々としながらも手かぎと作業靴を身にしておられたのだが、興味深いのは自分が食べるものを見つけるのも難しいときにすら、それらの道具だけはいつも幾ばくかの金をかけて物品保管箱に預けておかれたということだ。時折知り合いがチョクパンや旅館《ヨグァン》〔日本語での意味とは異なり、主に低廉な宿泊施設を指す〕の部屋に泊まることになればあたかも子供を預けるように物品を寝かせてほしいと頼みもした。時間がひとしきり流れた後、おじいさんはとうとう自分が再び作業現場に戻る見込みがないということを、さらに自分の体がこれ以上働くことができないほどに衰えたということに気づいた。その時おじいさんは良い土地を見つけ、それら道具たちを埋めてやらねばならないと決心する。

　わたしはこの話を伝えながらしばらく哲学者たちが語る「疎外」について話した。ある学者たちは「疎外」とは人が事物のようになること〔事物化〕だと語る。人々が機械のようなことをしていると自分自身の精神を失って事物のようになってしまうというのだ。だから彼らは疎外の克服とは人が事物から抜け出して人間本来の精神を回復することだとした。しかし反対に、問題を事物の側から眺めてみたらどうだろうかとわたしは問いを投げかけた。人間が自然の事物に似ることは本当に恐ろしいことなのだろうか？もしかするとわたしたちは、想像の中でむやみに事物をおそろしい存在としてつくり上げてしまっているのではないか？　生命力がなく個性がない事物の数々、到底それと似たくはないおそろしい事物たちとして。疎外された人間以前にまず疎外された事物があるのではないか？　わたしは自問するように学生たちに問い続けた。

近代の哲学者たちは人間を生産者と呼び、事物を道具や原料など生産手段と呼んだ。しかし、手かぎと地下足袋を友人の部屋に寝かせて自分はソウル駅の地下通路で野宿していたそのおじいさんは違ったふうに語った。「こいつらは俺とあちこちを一緒に回って仕事した」のだと。つまり、それら道具は自分の仲間であったということだ。誰が生産者であり誰が生産手段であるのかを分けることはおじいさんにとって重要なことではなかった。

ある仕事にともに参与するということ。英語で「参与 participation」という単語を分離してみれば、「部分 part になる」という意味だ。あるモノを生産するとき、みながそのための一助となったということ、みながその仕事におけるある部分になったということだ。仕事を「共にした」というおじいさんの言葉の奥で、わたしはおじいさんの手かぎ、地下足袋がその一員として参与した、まことに幸福であったろうある作業共同体を思い浮かべてみた。

人が疎外されている場所とは、それよりもはじめに事物が疎外されているところである可能性が高い。疎外された人とは、それ以前に疎外されている事物に似た人だ。自然の事物に対して心なく接しているのだから、人の自然（本性）に対してもまた、心なく接しているのだ。わたしがいた「スユノモ」という共同体には格別な事物たちがまことに多かった。スユノモの会員になるには多くの時間が必要なのだが、それはこの空間にある事物たちを知っていくのに必要な時間でもある。この共同体の酋長を引き受けたわたしがした仕事の中の相当数は新たにやって来た人々、あるいは新たに会員になった人々にそこにある事物たちがどんな経緯でここに来ることになったのか、その事物たちがどんな逸話を持っているのかを教えることであった。セミナー室にあった木製の机をつくってくれたある彫刻家の先生、その先生とともに共同体で彫刻を学んだ話、そしてカフェにあったレコード盤の数々、それを贈ってくれた先生が田舎の喫茶店を転々としながら収集をしたときに経験した話、研究室にピアノが入ってくる問題で意見が異なるメンバーが言い争った話などなど。そこにある事物の数々は事物でありながら同時にそれ自体ひとつの物語であり、そしてまた事物たちの物語であってなおかつ人々の物語でもあった。

結局のところ、あるひとつの共同体とは人と事物たちがつくり上げるこのような物語たちからなる共同体だと言える。マッキンタイア〔アメリカにおける共同体主義の哲学者〕の言葉のように、わたしたちはわたしたちが築き上げる叙事の一要素に過ぎないのかもしれない。重要なことは良い物語をともにつくり上げることだ。わたしたちが何かをつくり上げた末に残ることになるのはみな、このような物語たちなのだから。大きなことを言うのも少しはばかられるが、「スユノモ」にある事物たちのなかでわたしが良く知らないものはほとんどない。

再び冒頭の代案学校での講演場面に戻って話を終えることにしよう。わたしは学生たちに事物たちの物語が資本主義市場においてはどれだけ隠蔽されるのかを話そうとしたところであった。市場での同じような商品、工場で判を押されたように生産されては金によって仕入れられ、だれがなぜ作ったのか、だれがどのように使うのかについての物語のない商品たちについて。早合点してわたしは黒板の横にあった机を指差して言葉を始めた。「みなさん、あの机をだれが作ったのか知っていますか?」価格表はついているが物語がない商品について語ろうとする流れで発した言葉であった。するとひとりの学生が大きな声で答えた。「はい、学校の木工所にいるひげもじゃのおじさんがわたしたちのために直接組み立ててくれたものです」。

その瞬間、本当に恥ずかしく、そしてうれしかった。

所有と貧困

胃に炎症ができてからしばらくの期間、食べるものにかなり気を使ったことがある。急な嘔吐で腹がひっくり返るかという思いをした後、特定の食べ物に対しては胃がとても敏感に反応するのだ。何より残念なのはコーヒーだった。熱くて濃いコーヒーを飲むときの幸せを味わうことができなくなってしまったのだ。コーヒーを習慣のように飲んできたので、それでも時折口にしてみたのだが、そんなときはいつも腹が引っかかれるように痛くなった。だからある時期、朝はいつもコーヒーの代わりに家に長いあいだ放っておいたあらゆる茶を並べては何を飲もうかと悩んだものだ。しかし愛する存在の「代替物」とはそもそもありえないというのが決まりだ。だからいつもため息をついては、「よし、これでもいいか」という心情でその中からひとつを選ぶのだった。

そうして毎朝コーヒーではなく茶を飲むようになってひと月ほど経った頃であった。鼻の前にちらついていたコーヒーの香りが消えるやいなや、それまで何の特徴もないように思っていた茶の香りが感じられ始めた。ふた月ほど過ぎた頃には茶を飲む時にはいつも、あたかも花畑がやってきたようなあらゆる香りを嗅ぐことができていた。緑茶の香ばしさ、ヨモギ茶のほのかな優しさ、紅茶の芳しさ、さらには干した稲束の匂いが漂うプーアル茶の香りまで、すべてこれ以上なく素晴らしい。毎朝この茶、あの茶を出しておき、まず鼻で楽しむのが半分だ。あるものの「代替物」になるにはそれ自身あまりに高尚な香りを持った茶たちが、過ぎた日々の冷遇に抗議でもするかのように朝早くからわたしに躍りかかってくる。

事実、プーアル茶とは過去にあまり良くない縁があった。中国に行ってきた後輩が贈ってくれたプーアル茶にまつわる話だ。その後輩はいろんな人が見ている前でわたしにプーアル茶を贈った。茶についてよく知ってもいないのに欲が出たのか、その贈り物を人々に分けるのがはばかられた。だから彼らにコーヒーを一杯ずつ手渡してはプーアル茶は家に持って帰った（当時、著者のいた「スユノモ」研究室にはカフェが併設されていた）。けれどもこのプーアル茶は初日にすこし取り出して飲んでからは戸棚の隅にきちんと祭っておいた。事実を言えば、「きちんと祭っておいた」のは初日だけで、その翌日からは放置していたというのが正しい。それから冬と春が過ぎ、夏が来た。梅雨のために家の天井に水漏れが生じてところどころにカビが生えたのが見えた。ひとしきり大騒ぎしてやっと物を片付けはじめたのだが、紙に包んでおいたプーアル茶が現れたのはそのときだ。湿気で柔らかくなった茶葉の上にはカビが覆いかぶさっていた。

このプーアル茶は果たしてわたしのものであったのだろうか。確かに処分はわたしがしたものの、いざプーアル茶を享受したのはカビであった。哲学者ディオゲネスは自分が物を所有しないようにする理由についてこのように答えたことがある。「世間のあらゆる物は神の所有物だ。ところで哲学者（知恵の者）になるということは神の友になることだ。そしてまた友の間では物を分かち合って使うのではないのか。したがって哲学者はあらゆる物を所有するに違いない」(2)。わたしはこの言葉をこのように解釈する。知恵があるということは万物と付き合うということ（万物に接する法を知るということ）であり、それはまた彼自身が万物である神と付き合うということだ。だから、君が神の友になる分だけ、つまり君が万物と付き合う分だけ、その分だけがわたしのものでありわたしの世界だ。したがって、「万物がすでにわたしのもの」という言葉は極限の所有ではなくむしろ所有の不要や不可能を指し示す。金と法によって神（万物）との友情を命令することはできないためだ。

「万物を所有する」というディオゲネスの言葉が一種の「関係作り」についてのものであるなら、近代における私的所有権の核心は「関係処分」にある。わたしたちがあるものを所有するということはそれを自由に処分する権利を持つという意味だ。万一処分することができないなら、わたしの所有物とはせいぜいのところわたしの享受の限界をあらわすのみだ。すなわち売ることのできない穀物とはあなたが食べきってしまえる量を語るのみだ。とりわけ資本主義社会ではこのような面が重要だ。わたしと「わたしのもの」を分離することができ、わたしの恣意によって処分することができるとき、取引を通じてわたしは他人のものを自分のものとなすことができるためだ。

環境運動をする人々に伝説のように語り継がれているシアトル酋長の演説文にはこのようなくだりがある（これは酋長による実際の演説文ではないと言われているがこれによって文章自体の価値が損なわれるわけではない）。「空気の新鮮さとキラキラと輝く水はわたしたちの所有物ではないというのに、いったいどうやって売ることができるというのか。わたしたちは大地の一部であり、大地もまたわたしたちの一部だ」(3)。土地を売り渡せとワシントン酋長（アメリカ大統領）は提案したが、自分たちは大地に属しており大地もまた自分たちの一部であるために分離して売ることはできないというのがそのあらましだ。私的所有の観念とは非常に異なる思考方法だといえる。今日わたしたちはたった一度も行ったことのない土地を所有することができる。同じ仕方でわたしたちはそれを売ってしまうこともできるのだ。

だが、自分が持つどんなものもいつでも処分できるという点からのみ物事を眺めてみるなら、わたしたちは富者になると同時にまた異なる貧困に悩まされるようになるだろう。それこそカール・マルクスが『経済学哲学草稿』において発した警告であった(4)。彼が私的所有に反対した重要な理由のうちのひとつはそれがわたしたちをあまりにも鈍感で一面的な存在にしてしまうという点にあった。私的所有においてはただ単に「持つ Haben」というひとつの感覚を残したまま、「見て、聞き、匂いを嗅ぎ、味わい、感じ、考え、観照し、知覚し、望み、活動し、愛すること」(5)、つまりわたしたちのあらゆる肉体的で精神的な感覚が疎外されうるということだ。万一そうなれば、わたしたちの本質、わたしたちの存在はきわめて激しい貧困にあえぐことになるだろう。わたしたちは事物たちとの共感を通して、つまり事物を感覚し変形させる活動を通じて何よりもわたしたち自身をつくり上げているためだ。

マルクスはとりわけ感性に注目した。飢えた人間にとっては食べ物が抽象的に存在する。すなわち目の前にパンがあるとき、彼にとってはただ「食べるもの」があると考えられるのみでパンの具体的な姿や香りは重要ではない。彼はパンを鼻や舌で食べるのではなく胃腸によって食べるのだ。当時における労働者たちの貧しさはしたがって、この偉大な哲学者をさらに悲しませた。だがこのことはまた、金に対する欲のために盲目となった商人たちの話でもあった。金塊を目にして微笑を浮かべる商人。彼は、「鉱物の産業的価値を見るのみでありその美や特性を見はしない」のだ(6)。

人間の歴史とは何か。世界史が今まで苦労して成し遂げてきたものとは何であるのか。マルクスはそれが人間感性の生産、つまり「五感の形成」であったと断言する(7)。人間が何かを発展させたと言えるとすれば、それは同じものを異なる仕方で見、異なる仕方で感じる術を知るようになったために可能になったことだ。彼が私的所有の止揚を国有化とは呼ばず、「あらゆる人間的感覚と属性の解放」と呼んだのはまことに印象的だ(8)。このような流れのもとで考えてみるならば、マルクスが志向した社会とは資本主義社会よりも多くの優れた才能を持つ社会、つまり甚だしい物質的生産力を持つ社会と言うよりは、資本主義より事物に対してより多様な感性を生産する社会、事物に対してより多様な尺度を持つ社会であったと言えるかもしれない(この点から見れば、歴史上の社会主義諸国家は五感が形成される道からは非常に遠く離れている)。

所有なのか、存在なのか(9)。エーリッヒ・フロムがマルクスから霊感を得てわたしたちに投げかけた問いは重要だ。はじめのうち、わたしは彼の人間主義に異見を持っていたが(わたしが考える感性の解放とはフロムの場合のように人間のある本質を想定してその完全な実現を夢見るものではない。わたしはわたしたちが人間的感覚までも乗り越えねばならないと考える)、彼の言葉はわたしたちがより多く所有するとしても解くことのできない貧困、いやより多く所有しようという過程においてより悪化するある貧困を指摘しているという点で大きな価値がある。ほかでもないわたしたち自身の「存在の貧困」だ。

朝早く食卓に並べられた茶の話から考えをとても遠くまで引っぱってきてしまった。振り返ってみればわたしが押入れの中に長いあいだ放っておいた茶の数々はわたしの所有物ではあったがわたしにとって存在してはいなかった。音楽を聴くことができない耳に音楽が存在しないように、だ。けれど今、それらは確かにわたしにとって存在する。財産が増えたのではないが、わたしがある貧困からすこしは抜け出すことができたからだ。

些細なことは想像を超越するくらい重要だ

ニーチェについて講演する機会があり、ほとんど一〇年ぶりに彼の著作を手にとって腰をすえてじっくりと読んでみた。やはり時間が流れたからなのか？　以前に読んだニーチェはハンマーを手に西洋哲学の根本信念を粉砕し、葬り去った戦士、それも非常に軽快で華麗なステップで舞踏を繰り広げる戦士であったのだが、再び出会ったニーチェは非常に落ち着いて物静かなのに加えて素朴ですらある精神の持ち主であった。ある地点において彼はどんな貧しい霊魂でも荷物を置いて休むことのできる「安宿」になることを自認すらした。名のない鳥になって人々の間にしばし飛んで来ては去ることを誇りとし、むなしい名声を得ることがないよう砂原に残した自分の痕跡を懸命に消す人。それがまた異なるニーチェの姿であった。

ところがニーチェについて講演をしてみると、神の死、力への意志（権力意志）、永遠回帰、ウィバーメンシュ（超人）などの言葉がどういう意味なのかという質問をすぐさま投げかけてくる人々がいる。あまり良い問いの仕方ではないが、ニーチェと関連して耳にしたそのような言葉の正体を知りたいと思うのはどうかすると当然のことかもしれない。そうした質問を受けるたびにわたしの答えは異なるものになった。

もしかすると、最近しばしば思い浮かべるニーチェのイメージのためかもしれない。わたしはニーチェが「神は死んだ」と語った理由について、わたしたちが「重要なこと」と「重要ではないこと」を混同するからだと語った。実際にニーチェは晩年の『この人を見よ』で自分が神に反対する理由をこのように記した。「「神」は生の反対概念として考案されたものです――この概念においては有害で有毒なもの、誹誇するあらゆるもの、生に対する不倶戴天の敵対心の一切合財がひとつの驚愕すべき統一体をなしているのです！……「霊魂」概念、「精神」概念、そして終には「不滅の霊魂」という概念までも考案されました。身体を軽蔑し病に罹らせるために、そして生において当然のこととして重要なあらゆる物事、すなわち栄養、住居、精神の養生、病の治療、清潔、気候などの問題をぞっとするほど軽率に扱うためにです」(10)。

言い換えれば、わたしたちは「神」を崇めながらも今まさに重要な物事をおろそかにしているということだ（ここで言う「神」は宗教的な神でもありえるが、金でも、権力でも、またある成功のイメージでもありえる。わたしたちが信じ、崇めるものは何であれ「神」だと言うことができる）。わたしが何をどのように食べているのか、どこでだれとどのように住んでいるのか、どんな本を読み、どんな音楽を聴くのか、身体のどこが調子が悪くて、衛生はどうなのか、気候はどうなのか。これらはわたしたちの生にとって本当に重要なことだ。あまりに当然の話だが、わたしの日常を振り返るとき、その日常において大きな比重を占めるものこそわたしの生にもっとも大きな重要性を持つ。それなのに人々は自分が崇めるほかの何ものかのためにそれらをおろそかにしてしまう。最近よく聴く音楽のほうが抽象的な人類平和よりもよっぽどわたしの生に大きな影響を及ぼす。哲学とは、そういった物事をうまく扱い手入れをする方法だといえる。

「神は死んだ」というニーチェの言葉は人々が暗黙的に根拠としていた絶対的価値の崩壊として受け止められることで西欧社会にとてつもない衝撃を与えた。哲学者たちは真理が何なのかを問う前に真理を追究する自らの意志と態度を問題にするようになり、心理学者たちは無意識と衝動に対するニーチェの分析に大きな影響を受け、画家たちは画面で消失点が持つ覇権性を再考することで遠近法から自由になり始め、音楽家たちは和声体系を破る実験を開始した。本当に、ニーチェの思想が及ぼした影響はとてつもないものであった。しかし、それが肯定的なものであれ否定的なものであれ、このようなものすごいスペクタクルにおいてニーチェの偉大さがあるのではない。スペクタクルをつくり出すこと、すなわち演技を打って騒ぎを起こすことをニーチェは「嘘つきの火の犬」〔社会主義的な革命家ないしその理想の象徴〕のようなものだと語った(11)。意外な言葉に聞こえるだろうが、ニーチェの偉大さは素朴さにある。

ニーチェは「あらゆるものの価値転換」という表現をしばしば使ったのだが、それを一言で言い表すならわたしたちにおいて「重要なこと」と「重要ではないこと」が反対になっているということだ。彼は知恵のある者は低廉な費用でも良く生きることができると語ったことがある。世間の人々が高く見積もることを彼はそれほど高く評価せず、彼自身が重要だと考えることを世間の人々はおろそかにするのだから、非常に少ない費用によっても貴重なものをたやすく手にすることができるというわけだ。

わたしがニーチェを本格的に学ぶきっかけになった非常に面白い本、『この人を見よ』においてニーチェは自らの偉大さがどこにあるのかをつまびらかに明らかにした。彼は自分が人類に前代未聞の偉大な課題を贈ったと自賛し、自身の著書『ツァラトゥストラ』を人類に授ける「第五福音書」だと大言した。イエスの行蹟を記録した新約聖書の「第四福音書」に匹敵するという意味だ。さらにニーチェは自分を紹介しながら「わたしはなぜこれほど賢明なのか」、「わたしはなぜこれほど鋭利なのか」、「わたしはなぜこれほど良い本を書くのか」といった題目を掲げもした（事実、わたしはこれらの題目を目にして笑いを爆発させながらニーチェが一気に好きになった）。

だが、目を留めるべきはニーチェが「偉大さ」をどのような地点において見出すのかという点だ。彼は自分の血統、自分が患った病と治療法、人に接する態度などについて書き記した。何をどのように食べたのか、つまりどんな食べ物と茶をいつどのように食べたのかを抜け目なく記録し、自分が滞在している場所の気候と風土、自分が読んだ本とその読書法、自分の文体、自分が聞いた音楽についても書き記した。それから読者たちに向けて問うたのだ。「なぜ一般的にはとりわけ重要でないと見なされているこれらのあらゆる些細な諸事項についてわたしが話をしてきたのか」、その理由をわかっているのかと(12)。「偉大な課題を提示する運命を持った」わたしが何の理由もなくこんな話をしては損をするようではないかと(13)。そうしてこのように答えた。「このような些細な事柄は今まで重要なものと受け止められてきたものよりも想像を超越するほどに重要です。まさにここから学ぶということが再び開始されねばならないのです」(14)。

このようなことこそまさにニーチェが語った「神の死」であり「価値の転換」だ。別段言い換えることなしに、ニーチェの最後の言葉をもう一度後に強調しておきたい。みなさん、「些細なことは想像を超越するほどに重要です」。

霊魂に残された身体の痕跡

ソクラテスはアルキビアデスに「自分自身を知れ」と語ったが、このとき「自分自身」という言葉は「霊魂」を意味する(15)。「霊魂」とはわたしたちの中にある真なるものだ。そうであれば「身体」とは何か。果たして「霊魂」を追求することは「身体」から抜け出すことなのか？　そして霊魂は身体から抜け出すことができるのか？

身体の軽蔑者たち！　ニーチェは西欧の主流哲学とキリスト教に狙いを定めて語った(16)。彼らは身体の言語、すなわち喜び、悲しみ、怒り、欲望といった感情や衝動の数々を単に霊魂を混乱に陥らせる悪魔のささやきのようなものとして受け止めた。してみると哲学教育や宗教的救済についての方法論の中の相当数が感情や衝動をいかに統制するのかに集中するようになった。哲学は情念や感情に対する理性の支配を主張し、宗教は身体の誘惑を退ける霊魂の勝利について説教してきた。

再びニーチェの言葉を借りれば、身体に対するこのような軽蔑は「死に対する説教」へとつながる[17]。「生まれては成長し、年老いては死んでいく」わたしたちの生涯とは有限な身体に属するものであって不滅な霊魂のためのものではないからだ。したがって身体を軽蔑する者たちは現世の生に大きな価値を付与しない。彼らは言うだろう。身体が滅した後に続くであろう霊魂の生を考えてみよ。霊魂の生に比すれば肉体の生とはほんの一瞬で終わってしまうものだ。こうして哲学者たちはわたしたちが経験する現世界が実在界(真の世界)ではないと、そして聖職者たちは罪が煮えくり返る「この世界」を超えたところに真なる「あの世界」が存在すると語る。けれどもあらためて考えてみるならば、このような思考はわたしたちをして身体を離脱することを要求するという点で「死を説教すること」だと言うことができるのだ。

ある思惟の伝統に始発点を想定するのは滑稽なことかもしれない。しかしニーチェが「身体に対する軽蔑」と「死に対する説教」として命名した伝統の形成にプラトン哲学が重大な影響を及ぼしたということは否認できない。実際にプラトンの著作を読んでみるなら様々な部分から「身体に対する軽蔑」を発見することができる。彼にとって哲学とは一言で、「霊魂を配慮すること」であった。霊魂そのものは単純で純粋であるために堕落することはないが、肉体との結合のために毀損した状態でありうる。あたかも海の神グラウコスにフジツボや海草、石がくっついているため人々が彼の真の姿を見ることができないように、肉体という軟弱で不完全な器に入れられた霊魂の真の姿をわたしたちはうまく見ることができない。プラトンにとって哲学とはこのような霊魂本来の姿を気づかせてくれるものだと言うことができる。

こうしてプラトンは霊魂を重視するのだが、その著作『国家』ではとりわけ興味深いくだりが目に入る。本の一番最後に出てくる「エル」という男の話だ(18)。プラトンが神話を好まないというのは有名だ。そんなプラトンが神話を真剣に語る部分であるのだから、それだけでもかなり興味深い。個人的な読書経験に照らしてみると、ある哲学者が自分の否認する対象に近づくときには何か重要なものが含まれている。この話は死後に起きた審判とそれに伴う祝福と処罰、そして新たな生の選択に関するものだ。

「エル」はある戦闘で死んだ人物なのだが、その死体を火葬しようとしたところ彼が薪の山から生き返ったのだという。彼はあの世の話をこの世に伝える使命を受けてこの世に送り返された。彼が目撃したところによれば、霊魂たちは肉体を抜け出した後、審判者たちが待つ神秘的な場所にたどり着く。天と地の間には霊魂が出入りする穴が二つある。正しいものたちは祝福を受けて天のほうの穴へ昇り、そうでないものたちは罰を受けて地のほうの穴へ降りていく。祝福と罰はこの世での生の一〇倍、すなわち一〇〇〇年ばかり続き、その期間に終われば再び審判の場所へ集まって新たな生の標本を選択した後、この世で新しい生を開始する。審判と輪廻が調和している構造だと言える。

わたしが興味深かったのは祝福と処罰の一〇〇〇年が過ぎた後に生の標本を再び選択するというくだりだ。まず、順序を決める一種の番号票がばらまかれる。すると各自は順序に従って自分が生きたい生の標本を直接選び出す。運命の女神アナンケの娘ラケシスは霊たちに語る。素晴らしい生の標本にはこれといって主人がいるのではないのだからうまく選択した者のものだと。そして選択は各自の仕事なのだから神のせいにしてはならないと。

ところが新たな生の標本を選択する場面に至るや、あらゆる滑稽なことが起きる。ひとまず番号票をうまく受け取らねばならない（新しい人生が開始する瞬間からくじ引きによって運命が動き出す）。女神ラケシスは慎重な選択をした者にすばらしい生が回って来るかのように語ったが、番号票で押しのけられると前の人が持っていった生の標本を選択することができない。エルの口を通してプラトンは、初めに選択した者であっても良い生とそうでない生を分かつ知恵がないときにはおそろしい選択をするだろうと語る。エルによれば、最初の選択をしたものは実際に僭主の身分を選んだのだがその運命には自分の子供を食べるというおそろしい内容が入っていた。しかし反対の場合も起きうる。先に選んだ者が知恵を持っていようと運が良かろうと、ひとまず良い標本が選び出されれば後で選ぶ者にとっては残されたよりましな選択肢は少なくなる。

番号票よりさらに興味深いのは前世の習慣が新たな生の選択に大きな影響を及ぼすという点だ。エルによれば、前世で恋人に殺されたオルペウスは恋人の体を通して生まれることを拒否して白鳥の生を選んだ。歌を詠む歌人であったタマラスはナイチンゲールの生を選んだ。トロイ遠征から帰ってきた後、自身の妻クリュタイムネストラに殺されたアガメムノンは人間に対する憎悪心のためにハゲタカの生を選んだ。このように前世の記憶のために動物の生を選ぶ者たちがいるかと思えば、女性の生を選ぶ男性もあり、男性の運動選手の生を選ぶ女性もいた。また人間が動物の標本を使った帰結であろうが、獣たちの中には人間に移行したものもいた。

プラトンがこの神話によって本を締め括った趣旨は明らかに思われる。この世で霊魂を配慮する知恵を学んで良く生きるならあの世でも大きな祝福を受け、またその知恵を利用して新たな生の標本をうまく選ぶことになるであろうから、文字通り不滅である霊魂にしたがって永遠の生命を享受することができるだろうということ。言葉としてはあらを探すことができないほどすばらしいものだが、実のところわたしとしては哲学する理由を「永遠の命を享受することを可能にする」という事実に見出したくはない。知恵を獲得すれば死んでから一〇倍の補償を受けられるという言葉より、知恵を得るならまさにその瞬間が祝福だという言葉のほうがわたしは好きだ。知恵を手に入れる喜びさえあれば十分であって、死後に至るまで二重の特恵を受けるつもりはない。

再びプラトンが語った死後の生、とりわけ新たな生の標本を選ぶ場面の一こまを仔細に見てみよう。たとえば「ハゲワシを選んだアガメムノン」を見てみよう。わたしたちが目の前で見るハゲワシはハゲワシであるか、アガメムノンであるか。もちろんプラトンは、「霊が異なる生を選択すれば必然的に異なる霊になる」と語る(19)。しかし肉体を失った後にも霊魂の選択には肉体、つまり身体の痕跡が介入している。ハゲワシを選んだアガメムノンは前世の習慣、すなわち彼の身体が経たさまざまな体験のためそのような選択を行った。彼がハゲワシを選んだ瞬間、彼の霊は異なるものになってしまったが、ハゲワシという選択はアガメムノンの身体が前世に体験したことの痕跡だ。ハゲワシが次の生涯において他の何ものかに変わるとすれば、それはハゲワシの生涯の間における痕跡が介入した結果であるが、同時にハゲワシ自体がアガメムノンが経験したことの痕跡であったという意味で痕跡の数々が累積した結果でもある。

プラトンは「霊魂は不滅であるが身体は有限だ」と考えたが、わたしはプラトンの話からその反対の事態を考えてみる。霊魂は入れ替わるが（これはまた異なる意味における死でなくてなんであろう）、身体は痕跡の形態によって永遠に累積されると（これはまた異なる意味における永生〔永遠の命〕でなくてなんであろう）。霊魂は純粋で単純だが、そこには様々な身体の痕跡が入り混じり、累積したかたちで介入していると。プラトンが霊魂の不滅を語る部分からわたしは身体の不滅（たとえ痕跡の形態ではあるけれど）を読みとり、そこで霊魂を配慮することと同じくらい身体を配慮することが重要であるということを考えてみたのだ。だから、わたしたちの身体をよく手入れするということ、したがってこの世における良い生の記憶をもつということこそ、どれだけ重要なことであろうか。妻に対する怨恨によってハゲワシになったアガメムノンからわたしが考えたのはそのことだ。アガメムノンは妻によって殺されたが、その出来事以前に彼は自分の娘を神にささげる供物として犠牲にした。そのおかげで神の祝福を受け前世では勝利したものの、妻は戦争のために娘を殺害した夫に娘の代わりに復讐した。天国と地獄はすでにこの世にあったのだ。

救済であれ処罰であれ祝福であれ、そのようなものが死後に起きるのかどうかはわたしの関心事項ではない。正直に言って、わたしは身体を離れたところで起きるそんな出来事については関心がない。重要なのは身体が存在する間、身体とともに起きるわたしたちの日常だ。そこで起きる救済と祝福、すなわち身体とともに身体を通して体験するわたしたちの良い生が、わたしが哲学をする理由にとって十分だ。

禁欲と貪欲

二〇一一年の秋、ニューヨーク、ウォール街の占拠現場を直接目にすることになった。偶然に偶然を重ね、運命の助けも得ながらのことだ。アメリカに訪れることになったのも、占拠直前に住処をニューヨークに移すことになったのも、特別な計画や動機があったわけではなく、結果的にそうなったことであった。ともあれ「そのときそこに」いたために様々なものを目撃することができた。韓国のろうそくデモもそうだったが、ウォール街占拠は過去のデモとは非常に異なった形態で展開した。

占拠現場であるズコッティ公園(占拠者たちはこの場所を「リバティ・スクエア Liberty Square」と呼んだ)を見回してみたとき、ニューヨークにひとつの町が誕生したといった印象を受けた。田舎の市場のようでもあるのだが、一方で瞑想する人々がいると思えば他方では元気よくドラムを叩いている人々もいる。臨時図書館を作って本を読む人、その横で自分の考えをわめく人がいると思えば、簡易キッチンをこしらえて食べ物を分け合う人々、疲れた人たちにマッサージをして休息を提供してあげる人、捨てられた生ごみと洗い物を利用して野菜を育てる人、ツイッターやフェイスブックでここで起きていることを全世界に知らせている人々まで、実に多様であった。

こんなに平穏なデモがあってよいのかと思う人もいるだろうが、この占拠が伝えるメッセージはどんなデモよりも強力であった。デモに参加している人々は自分たちが望む生のイメージを組み立て直しているようであったのだ。長いあいだウォール街は憧憬の対象だった。一言で、「アメリカン・ドリーム」であった。しかし現在、人々はウォール街の金融家たちを金に目がくらんだ無責任で貪欲な輩どもだと語る。増税には反対しながら税金によって工面された救済金融でボーナスの宴を開く人々のことだ(金融危機が起きた時に政府は莫大な救済金融を提供したのだが、そのために財政赤字が深刻化して貧しい人々のもとに行くべき福祉が縮小された。金融危機の余波で路上へと押し出された庶民たちに対する救済はなされなかったにもかかわらず、その代わりに支給された金でボーナスの宴が開かれたというわけだ)。ウォール街占拠はウォール街の人々が成功した人生の神話的存在であるどころか人生の道徳的な失敗者たちであることを暴露したのであった。

一見すると粗っぽくて原始的な町のように見えるが、ズコッティ公園のメッセージが強力だというのはまさにこの点においてだ。人々は食べ物と衣服を分かち合い、知識と情報を共有し、音楽と踊りをともに楽しみながら、自分たちが望む社会が金を稼ぐのに血眼になった勝者独占構造ではなく、互いの立場に耳を傾けながら互いを配慮する共同体だというメッセージを伝えた。一言で、それは政治家たちに体制の目標と政策の方向を修正することを要求するものであった。

もちろん、この声はニューヨークのウォール街とワシントンのメインストリートだけではなく大衆自身に向けられたものでもあっただろう。ウォール街の「貪欲」は長いあいだ大衆自身のものでもあったためだ。わたしがこの「大衆の貪欲」という問題を考えるようになったのは占拠現場でトルコの民主化運動家リザイさんと出会ってのことだ。彼は公園で「ウォール街占拠を支持する断食闘争」というピケットを持って立っていた。なぜ断食を選んだのかと問うと彼はこう答えた。「これがまさに自立の出発点です。ウォール街をきれいにする前にわたし自身をまずきれいにするのです。一種の自己統治 self-government だと言えます」。そう言って彼は言葉を続けた。「事実、ここにいる占拠者たちもそうですが、アメリカの人々を見ると闘っているときすらまるで遠足に来ているみたいです。パーティをするように飲み食いし、大声を上げたりして。ウォール街という一パーセントの貪欲に反対するのだと叫びながらあやって食べたり飲んだりしているのを見ると、いったいどういうつもりで貪欲に反対しているのだろうかと思うくらいです」。

数多くの民主化人士が断食する渦中で死んでいくトルコの現実に照らして見ると、ニューヨークの占拠者たちが遠足に来たかのように見えるというのもありうる話だろう。けれどもだからといって、彼の言葉が示唆するように単に占拠者たちが「浮かれ興じて」いるのではない。彼らが分け合っているサンドイッチやパンはむしろ素朴に見えた。それでもリザイさんの断食は「貪欲」に立ち向かう「禁欲」の価値について様々な考えを惹き起こさせる。彼はウォール街の貪欲を非難するのと同時に、わたしたち自身の欲望を振り返って眺めてみることを要求するためだ。

ニーチェは『道徳の系譜』で「禁欲主義」が欲望の放棄であるどころか欲望と支配意志の表出であることを見事に表現した(20)。ある人が美への欲望のために過ぎたダイエットをしているとすれば、その禁欲は欲望の放棄ではなく、むしろ欲望への囚われを露わにするのみだ。ニーチェは西欧における聖職者たちの禁欲主義の内にどれだけ強力な支配意志が作動しているのかを示そうとした。聖職者たちはこの世、すなわち「この世界 this world」を無価値で罪が煮えくり返る場所として描写し、そうすることによってこの世界のなかでオルタナティブな生を見出そうとする積極的な欲望を断念させる。あたかも患者が増えると医師の権力が強化するように、禁欲主義的な環境において聖職者は神を代弁して「あの世界 that world」への引導を引き受けた自らの権力を増大させる。

しかしフーコーは、古代と中世の西洋禁欲主義研究を通して、ニーチェが語ったキリスト教的禁欲主義とは異なる形態の禁欲主義が存在してきたという事実を喚起した(10)。たとえば犬儒主義やストア主義の人々は西欧のキリスト教とは異なる禁欲の諸技術を発展させてきた(事実、非西欧社会にはこのような禁欲の技術が非常に多く、初期キリスト教にもこうした技術の数々を確認することができる)。ニーチェが批判した西欧のキリスト教的伝統においては禁欲主義が最終的な救済のため耐えねばならない「服従」や「不自由」であったのに対して、古代の禁欲主義は誘惑や恐怖に振り回されない「自由」のためにこそ開発された技術であったということだ（事実、ニーチェもまた前史時代の文化で強者を育て上げるためにひとつの文化がどれだけ残酷な禁欲的措置を遂行したのかについて語っている）。古代の禁欲主義は「異なる世界other world」ではなくわたしたちがまさにいま生きているこの世界における「異なる生other life」を志向した。彼らは禁欲主義的実践を通して当時支配していた諸価値の無価値さを学んだ。彼らは権力者と富者を恐れることも羨望することもなかった。むしろそうした権威的な生や浮かれ興じた生を「奴隷的」だと語り、恥ずべきものとして受け止めた。

わたしはこの古代禁欲主義に重要なメッセージが込められていると考える。ウォール街の貪欲は非難を受けてしかるべきだが、その本当の克服は税金の増大と職場創出に還元される次元を超えたある変化を要求するためだ。現在支配的な欲望の構造をそのままにしておくなら、ウォール街に座を占める人物や企業は変えることができてもウォール街の存在そのものを変えることはできないだろう。

ここで増税や職場創出、福祉増大が至急ではないと言いたいのではない。今まさに飢え死にしそうな人に禁欲しろと語ることが滑稽に聞こえるかもしれない。けれどもわたしが古代禁欲主義を引っ張ってきたのは欲望そのものを減らせということではなく、異なる生を欲望せよという意味においてなのだ。現在の生においてより多くのものを欲望するのに劣ることなく、現在とは異なった生を欲望するのが重要だということを語りたい。

今このままでも始めることが出来る

昔々、ある王が政治が思い通りに行かなかったときにふとこのような疑問を抱いたという。「どんな時が余にとって最も重要な時なのか？　どんな仕事が余がせねばならない最も重要な仕事なのか？　どんな者が余にとって最も重要な者なのか？」王は臣下たちに問うてみた。だがどの臣下もこれといった答えを出すことができなかったために、王は「余が与える禄を食んで生きておる者たちのうちで余が本当に問題に逢着して問うていることに答えを出せる奴がたったひとりもいないというのか」と言って烈火のごとく怒った。そのとき、ひとりの臣下が田舎のどこかに見事な聖人が隠遁していると言うと、王はその場で臣下たちを連れてその隠遁者を探しに出た。ところが行く道で王は刺客の襲撃を受け、その刺客は臣下の刀に刺されて逃げた。王は道を急いで隠遁者に出会った。王は彼にも臣下たちに問うた三つの問いを投げかけた。だが隠遁者は何の返事もせず自分がしていたことを続けるだけであった。

そのとき、ある男が血を流しながら駆け込み、「助けてくれ」と叫んだ。王はすぐさま手ぬぐいで彼の傷を巻いて血を止めてやった。傷を負った者は首を回して王の顔をじっと見るなり、とっさに四つんばいになってしまった。「死に値する罪をいたしました。先ほど路上であなたを襲撃したのはわたくしめです。王がわたしの父を殺したために復讐しようとしたのです。それなのにわたくしめを殺さずかえって治療までしてくださるとは、容赦してくださるならばこれからは忠誠深い百姓になります」。

いつのまにか日が暮れていた。王は隠遁者に再び先の問いを投げかけた。すると隠遁者が答えた。「返答はもうすべてなしたわい。一番重要な時はまさにこの時であって、お前さんがなすべき仕事とはまさにあの輩の面倒を見ることであって、お前さんにとって一番重要な者とはまさにあの輩ですわい」。

この話はトルストイによる短編、「三つの問い」のあらましだ。わたしはこの話を咸錫憲《ハム・ソッコン》の文章「今、ここで、このままで」を通して知ることになった[22]。咸錫憲はこの話を紹介しながらわたしたちが力を注いでせねばならない仕事、つまり真の仕事とは、遠くに求めるものではなく、また「格別な時」にだけせねばならないものでもないと語った。不足ではあるが今ここで最善を尽くすのみだということだ。

何をするにしても、あらゆる瞬間が同じように大切だ。わたしたちの生に「格別な時」がまったくないというわけではないが、そのような「格別な時」とはわたしたちがあらゆる瞬間を大切に考える時にこそやって来る。咸錫憲が別の文章で記した逆説的な表現を借りるなら、「格別な時」を別個に想定することなくあらゆる瞬間に最善を尽くすとき、「格別な時」を迎え入れることができるのだ。彼はこのようにも語った。「本当に信じる人には「時がこれから来るが、現在もその時」だという言葉が正しいのです」[23]。わたしたちが待ち焦がれる「未来のその時」とは「現在のこの時」でもあるということ、まことに多くのことを考えさせる言葉だ。

「未来のその時」はいまだ来てはおらず、わたしはまだまだ不足な人間だという考え、そのような考えが間違っているというのではない。一面ではそのように考える人は未来を準備する非常に謙遜な性格の人であると言うことができ、自らの過ちを振り返って眺める術を知る良心の人でもあることだろう。ところがそんな謙遜と良心がしばしば行動を遅らせる言い訳、ある小心さを隠す偽装膜になりえもする。

毎回そんなふうに何度も反省するけれども、そしてそれほどの多くの懺悔をするけれども、人々が新たに生を生きることができないのはいったいなぜなのか。その人が反省と懺悔を徹底することができなかっためだと語る人もいるだろう。だが咸錫憲の考えは少し異なる。彼によれば、むしろ「良心の過敏な」人々は自分の間違いに度を越えて長い間しがみついてしまうがゆえにある暗示に陥ってしまう。自分の間違いをしきりに指摘していると次第にその過ちから抜け出す力を失ってしまい、「わたしはダメだ」と信じるようになってしまうというのだ。

良心の呵責は人を蒼白にする。良心とは罪を監視する自分の中の公安警察のようなものであり、公安警察が度を越えて現れてくると社会の活力が失われてしまうというのが理《ことわり》ではないかと思う。だからであろうか。咸錫憲はこのように語る。「間違いを少々忘れましょう。良心を鈍くさせるためではなく、鋭いながらも忘れるのです」[24]（出典：「一伽藍の根っこから羊の群れに餌をやる牧師へ」）。どんなに面白い言葉だろうか。そのような忘却こそ健康の徴しなのだ。

ところで咸錫憲は「良心の過敏」に陥ってしまった人の問題は会計処理、とりわけ決算を予定時に済ませることができないところにあると語る。「垢とは時が遅れたということです（韓国語で「垢」と「時」はいずれも「때」と記すことからこの二つの語をかけている）」[25]。すなわち、汚れとは時間が溜まって積み重なったものであり、そうして借りが増えると後にそれが途方もない罪になる。強盗と殺人から戦争にいたるまで、犯罪の数々はその時ごとに決算処理をせずに積み重なった習慣のために起きるのであるから、このような習慣こそあらゆる罪の根元だと言うことができるというのだ。

彼が語る決済とはこのようなことだ。うまく行ったこととうまく行かなかったことがあるならば、できるだけその時、その日、その月、その年に決算をせよ。それからはしきりに振り返ることのないように果敢にかすがいを打て。それを絶対に次に残してはいけない。犯した罪をすべて返した後、そしてまた徳を重ねてすばらしい人間になった後にすばらしいことをしようとするなら、結局のところ現在の時を、現在の人を、そして現在せねばならない仕事を見落とすことになる。そうなれば結局すばらしい人間になることもできない。

「「このまま」、犯してしまった罪をそのままに、ですよ。できないでしょう、そんなものどうしようと言うんですか？　悪態をつきたいならついて、地獄にやりたいなら地獄にやって、天国に送りたいなら送って。これは罪を犯したことのない人はわかりませんよ。わたしはたくさん罪を犯してきたのだから知っています。そんなことを考えていたら何にもできません。そんな罪は放り投げておいて、こんな言葉を言うんだといって連れていかれるなら連れていかれて、悪口を言いたいなら言って。わたしには確かに罪がありますがわたしの中にはむしろ生きている心があるのだからこの生きている心ができることをすることができるじゃないですか」(26)（出典：「今、ここで、このまま」）。

犯した罪をどうするのかと問う咸錫憲の言葉には本当にずいぶんと笑ってしまった。それと同時にまた、深く感動した。それはそのまま決済して、ダメなら後で神に罰を受けることにして、今、「生きている心」、今は取るに足らないものかもしれないが、「正しい考え」がたったひとつでもあるなら、それに力を注いでみるほかに。今このままでも、だ。今このままでも、今このままでも……。ほんとうに、何度も反芻される言葉だ。

註

（1）김순천 외, 〈나의 집은 어디에 있는가 노숙인 이곤학 아저씨（60세）〉, 《부서진 미래》, 삶이 보이는 창,

2006

(2) ディオゲネス・ラエルティオス、加来彰俊訳『ギリシア哲学者列伝(中)』、一九八九、一四〇頁

(3) Suquamish Chief Seattle、"Chief Seattle letter" 〈한국어판：김종철 옮김、〈시애틀 추장의 연설〉、《녹색평론 창간호》、녹색평론사、1991〉なお、シアトル酋長の手紙は本文でも触れられるように正確なものは現存しておらず、間接的ないくつかのバージョンが並存している状況である。「シアトル酋長の手紙」の日本語版〈仲正昌樹訳「シアトル酋長のスピーチ」『情況 第三期』、情況出版、二〇〇四年三月号〉では韓国語版のものと参照したバージョンが異なる。

(4) マルクス、城塚登・田中吉六訳『経済学哲学草稿』、岩波文庫、一九六四

(5) 同書、一三六頁

(6) 同書、一四〇頁

(7) 同書、一四〇頁

(8) 同書、一三七頁

(9) この言葉はフロムの同題の本を下敷きにしており(E. From, *To Have or to Be?*, Bloomsbury Academic, 2013)、この題は韓国語版の翻訳にも反映されている〈에리히 프롬、차경아 옮김、《소유냐 존재냐》、까치、1996〉。

(10) フリードリッヒ・ニーチェ、川原栄峰訳『この人を見よ／自伝集 ニーチェ全集15』、ちくま学芸文庫、一九九四、一八四頁

(11) ニーチェ、吉沢伝三郎訳「大事件について」『ツァラトゥストラ(上) ニーチェ全集9』、ちくま学芸文庫、一九九三、二三七頁

(12) 前出『この人を見よ／自伝集』、七二頁

(13) 同書、同頁

（14）同書、同頁
（15）プラトン、田中美知太郎訳『アルキビアデスI　プラトン全集6』、岩波書店、一九七五、八九頁
（16）前出「身体を軽蔑する者たちについて」『ツァラトゥストラ（上）』
（17）前出「死を説教する者たちについて」『ツァラトゥストラ（上）』
（18）プラトン、藤沢令夫訳『国家（下）』、岩波書店、一九七九、三九六―四一八頁
（19）同書、四〇九―四一〇頁
（20）フリードリッヒ・ニーチェ、信太正三訳「道徳の系譜 第三論文」『善悪の彼岸／道徳の系譜 ニーチェ全集11』、ちくま学芸文庫、一九九三
（21）ミシェル・フーコー、慎改康之訳『真理の勇気――コレージュ・ド・フランス講義 一九八三―一九八四年度』、ちくま書房、二〇一二、四〇三―四〇五頁
（22）함석헌、〈이제 여기서 이대로〉、《진실을 찾는 벗들에게 함석헌 전집 18권》、한길사、1987
（23）함석헌、〈主義의 희생물（김조념님과 ~1978. 9. 8）김조년님과 그 부인님께 보내는 편지、1978.9.8〉、《진실을 찾는 벗들에게 함석헌 전집 18권》、한길사、1987、211쪽
（24）함석헌、〈한가람 뿌리에서 양 떼를 먹이는 목자께〉、《진실을 찾는 벗들에게 함석헌 전집 18권》、한길사、1987、296쪽
（25）같은 책、294쪽
（26）〈이제 여기서 이대로〉、332쪽

第四章

むやみに膝を折ってはならない

苦境で自由を見る画家

二〇一一年をわたしはニューヨークで過ごした。初めてニューヨークに来たときは絵画の見物くらいは思う存分しなければと考えたものだ。わたしがニューヨークに住処を移すと言うと、ある友人はメトロポリタン美術館やニューヨーク近代美術館のようなところに行って、引きこもっては同じ絵画でも重ねて見ることを勧めた。そうすればニューヨークに滞在する元が確実に取れるだろうとのことだった。だが、普段から美術に関する素養を積むこともできないまま、弁明のようだけれどもあれこれとせねばならないことを処理しているうちに何ヶ月かがすぐに過ぎてしまった。その間に何度か美術館に行かなかったわけではないが、友人の言葉のように「引きこもる」ということはできなかった。観覧客の隊列を追って歩いているときに心身ともにたちまちくたびれてしまい、外の空気の価値がその瞬間ほど目の前に掛かっている名画の価値より高く見えたことはない。するといつからか時間ができてもギャラリーをのぞいたりセントラル・パークを散歩するだけで、目と鼻の先にある美術館まで気軽に入ることはなくなっていった。

そんなある日のこと、セントラルパークを歩いている折に近くのフリック美術館に入ってみることにした。「真珠の耳飾りの少女」で有名なヨハネス・フェルメールの絵が好きな妻からフリック美術館には彼の絵がたくさんあるという話を聞いたことがあったためだ。だからおかしな話ではあるが、そのときフェルメールを見にフリック美術館の行かねばと考えたのはフェルメールというより妻のためであった。ところがわたしが行ったときには美術館にフェルメールの絵はあまりなかった。作品の多くは巡回展示中であるとのことだった。

何かとすれ違ったと思った瞬間、わたしの目をさっと引きつける絵があった。エル・グレコの「神殿から商人を追い払うイエス」であった。美術的技法についてはわたしが語るところではないが、とにかくも今までわたしが見てきたイエスの姿の中でもっとも軽快なものがそこにはあった。鞭を手に取って商人たちに向けて振り下ろす直前であるようなのだが、不思議にも恐ろしいというよりは愉快に見えた。明るい紫赤色の布を身に纏ったほっそりとした身体はすぐさま踊りだしそうであった。鞭を振り回す彼の姿からわたしはニーチェのツァラトゥストラを思い浮かべた(1)。ツァラトゥストラは鞭を振り回したがそれは「生」が踊りだすことができるように拍子を入れるためであった。ツァラトゥストラにしてもイエスにしても同じことを語っているのではないか。きみたちも今、生をして踊り出させよと。生から金銭という足枷を外せと。それが踊り始めることができるように。

事実、その絵の下には韓国の良識ある教養人たちであればぎくりとするであろう一節が書き記されていた。イエスが言うには、「「わたしの聖殿は祈祷する家だ」と聖書に書かれている。なのにきみたちはこの家を強盗の巣窟にしてしまった」（マタイ福音二一章一三節）。おそらく一六〜一七世紀の宗教改革の雰囲気を反映した絵ではないかと思う。だがわたしの目に入ったのは清教徒的謹厳《きんげん》さというよりは自由奔放さと軽快さであった。この絵を依頼した者の意図はわからないが、少なくとも画家が描いた絵画の中のイエスはあまりに自由に見えた。踊りが祈りになることが可能か？ 可能かもしれないという考えが浮かんだ。

わたしはフリック美術館でエル・グレコの絵をさらに何点か見た。細長く伸びた身体はかりんとうのように色んな仕方でもつれており、その色彩はぱちぱちとはじけるようだ。一六世紀から一七世紀へと移り変わるこの時期において、いかにしてこのような変種の画家が存在しえたのだろうかとひとりでに感嘆があふれた。

さてはエル・グレコから一七世紀哲学が追求した自由と解放の性格を発見した哲学者がいた。フランスの哲学者、ジル・ドゥルーズだ。彼は三〇年前ヴァンセンヌで講義したとき、エル・グレコの例を用いながら一七世紀の哲学者たち、すなわちデカルト、マルブランシュ、ライプニッツ、スピノザなどが終始一貫して神について語った理由に対して興味深い答弁を提示したことがある(2)。

一七世紀まで西洋の大多数の哲学者たちはなぜそんなも神について語ったのだろうか？ 人々が容易に導き出す答えのうちのひとつは西欧で教会が持っていた権力を考慮せねばならないというものだ。教会の強力な支配のもとでは哲学者も教会の要求を考慮せねばならなかったのだと。もちろん異なる答えを提示した人もいる。当時の人々にとって哲学的思惟と宗教的感情はそれほど分離されていなかったのだと。したがって教会の強制でなくとも哲学と信仰はそもそも区分されてはいなかったのだと。

しかしドゥルーズは一七世紀哲学が神を扱った背景にはまた異なる原因がありえるということを指摘した。わたしたちがよく知っているように西欧では哲学書ほどに数多くの絵画が、いや、ひょっとするとそれよりも多くの絵画が神のイメージを扱ってきた。それら多くの画家が神を扱ってきた理由は何であるか？　人々が思い浮かべる答えは先に哲学者たちについて語ったことと大きく異なりはしないだろう。だがドゥルーズはこれでは十分ではないと語る。むしろ彼は大胆にも反対の仮定をしてみようと語るのだ。すなわち、当時の時代にあって彼らは、神を制約としてのみ受け取るのではなく、まさに神においてある自由と解放を発見したのではないか？　言い換えるなら、神はある画家たち（またはある哲学者たち）にとっては自由を抑圧する制約条件ではなく、むしろさまざまな制約（個人的、自然的、時代的諸限界）を乗り越えさせてくれる解放の手段ではなかったか？

ドゥルーズはこのように語った。「神を通して絵画は人間的なもの、被造物によってはなしえなかったことを可能にすることでしょう」。有限なものからは思惟できないことを神を通して極限まで思考してみることができたということだ。神について本の最初の章を割いていた一七世紀の哲学者たちが、わたしたちが高校のときに学んだ「微分」だとか「極限」だとかの諸概念を創造したのは偶然ではないようだ。ドゥルーズは続けて語る。「極限においては宗教的に最も敬虔な画家が絵を描くとき最も不敬な人間になることが可能なのです」。

ドゥルーズが代表的な例として用いたのがエル・グレコであった。エル・グレコにもまた教会からの要求と制約があったのは明らかな事実だ。しかしドゥルーズは彼が「神」を通して絵画をあらゆる被造物がもつ諸々の束縛から解き放つことができたと語る。エル・グレコは絵画をキリスト教的要求に全的に従属させたが、まさしくこのことを通して絵画に対する伝統的要求、すなわち外面を事実的に描写せねばならないという要求から大胆に抜け出ることができた。ドゥルーズの表現を借りれば、そうして彼は「線と色の偉大な解放」を成し遂げたのであった。

エル・グレコに対するドゥルーズの見解には「自由」と「制約」についての非常に驚くべき洞察が含まれている。わたしたちはしばしば自由と制約を対立的なものとして理解する。自由を無限に許容するならば混乱が訪れるとして適当な制約が必要だと語る人、あの制約条件が自分の自由を抑圧すると主張する人。みなが自由と制約を互いの反対側に置いている。しかし少なくともドゥルーズが解釈をほどこしたエル・グレコは自らが置かれた制約と苦境を解放の手段へと変えた人物であった。あらゆる制約にもかかわらず自由であったというのではなく、むしろ制約を自分の自由を創造し立証する手段へと変えてしまったのだ。まったく、なんて素敵な美術家ではないだろうか。いや、なんとも見事な哲学者ではないだろうか。

道を失った羊になれ

「多くの収税人と罪人たちがイエスの言葉を聞こうと集まってきた。するとパリサイ派の人々や律法学者たちはイエスが罪人たちを歓迎し、ともに食事までしているとしきりに不平を言った」（ルカによる福音一五章一〜二節）。そのときイエスが語った。一〇〇頭の羊を育てる牧師がその中の一頭を失ってしまうなら、残りの九九頭を置いてもその一頭を探しに出はしないのかと。そしてその一頭を探し出したなら隣人たちとともに喜びはしないのかと。このように罪人一人の懺悔は天において懺悔することない九九人の義人がいることに勝る大きな喜びであろうと。

たとえキリスト教徒ではなくとも、この「九九頭の羊と一頭の道に迷った羊」の比喩は良く知っているだろう。たった一頭の羊であっても放棄せず、一人の罪人の懺悔を九九人の義人の存在よりより大きな喜びとして受け取るイエスの性情。だがなぜかわたしはこの話を引用する牧師たちの説教を聞くたびに妙な拒否感があった。何だろうか、その細心な「配慮の意志」が、いわゆる「問題児」をかならずや正常状態に戻そうとする執拗な権力意志のように感じられるときがあった。

実際に「一頭の道に迷った羊」を探しに出る牧師の形象において近代権力の重要な特徴を捉えた哲学者がいる。フランスの哲学者、ミシェル・フーコーだ。彼は近代権力が人口を個別化する仕方で全体化するということ、すなわち個人をひとりずつ細心に配慮し道案内することによって全体として自身の力を増大させてきたと主張する。単純な抑圧や監禁、排除に留まることのない積極的な管理と育成、配慮などが権力の新たなテクノロジーになったというわけだ。彼は「道に迷った一頭の羊を探しに出る牧師」のイメージに寓して近代における統治権力を「司牧権力」と呼んだ。

司牧権力に対する分析と批判はフーコーの学問研究における道のりにおいてひとつの特定の時期を占める。だが奇妙にもわたしはその道のりにおいて司牧権力を批判する「道に迷った」見事な一頭の羊を発見する。わたしの考えでは、フーコーにとって「哲学をする」ということが「道に迷って彷徨うこと」と同義であった。『性の歴史』第二巻において彼は自らの作業をひそかに動機づけていた好奇心についてこのように記した。

「わたしの作業を駆り立てた動機はというと、ごく単純なものであった。……そうして粘り強く作業に没頭していたわたしの苦労はただ好奇心、そう、一種の好奇心のためであった。必ずや知っておかねばならない知識を自らのものにしようとする、そのような好奇心ではなく、自己が自己自身から遠ざかることを許してくれる、そんな好奇心だ。知識の習得を保障してくれるに過ぎない認識主体をして道に迷い、放浪することができるように助けてくれないそんな知識欲にどんな必要があろうか。わたしたちの人生には、「果たして自分が現在考えているのとは異なった仕方で考えることができるだろうか、自分が現在見ているものと異なった仕方で知覚することができるだろうか」という疑問がかならずや必要な瞬間がある。省察と観察を続けるためにだ。……そうであれば哲学（哲学的行動）とはいったい何であろうか。……それは自分がすでに知っていることを正当化するのではなく、どうやって、そしてどこまでわたしたちがすでに知っているのとは異なる仕方で思考することができるかを見極めようとする努力、まさにそのような営みではないか」(3)。

事実、この文章はフーコーが死んだとき友人の哲学者が彼を称えて葬儀の場で朗読したものでもある。教養を積むための好奇心ではなく「自分を自分自身から遠くへとやる」好奇心、知識の習得ではなく「道に迷って彷徨うように助けてくれる」、そのような知識欲。わたしがすでに知っていることを正当化するのではなく、わたしたちがどれだけ異なった仕方で考えることができるのか、わたしたちがどこまで異なった仕方で思考することができるのかを試す批判的思惟。フーコーはそれを哲学と呼んだ。そして『狂気の歴史』から『性の歴史』に至るまでの多くの著述において、彼は道に迷って彷徨うことを恐れなかった研究者の道のりがどんなものであるのかを自ら見せてくれた。

再びイエスに戻ってみよう。金容沃《キム・ヨンオク》がハングルの訳注を施した「トマスによる福音」では次のような内容が現れる(4)。一九四五年に発掘された「トマスによる福音」は現行の諸福音書との内的連関を通してその存在が予見されていた文献であり、他の福音書が共通して基盤にすえている根とも言えるものだという。この福音書は他の福音書のようにイエスに関連した話によって構成されているのではなく、ただひたすらイエスの言葉によって満たされている。それはこのような仕方だ。「イエスは言われた……」。

だが、この福音書に記されたものがイエスの言葉に違いないなら、イエスは少なくとも「一頭の道に迷った羊」についた新たな洞察を開く言葉を語った。「トマスによる福音」第四二節、「イエスは言われた。「放浪するものたちになれ」」。この言葉からわたしは失ってしまった羊を探し出した牧師の喜びとは比較にならない大きな喜びの言葉、すなわち福音を感じる。垣根の外をあらゆる罪悪と暗闇、危険が煮えくり返る場所として考え、羊を垣根の中につまみ入れることを祝福と救済であるかのように描写する「ルカによる福音」の牧師とは異なり、進んで垣根の外で放浪することを誘う、世界を絶対的に肯定する者だけが大胆にも提示することのできるイエスのその言葉が実に見事だ。

考えてみると、牧師の垣根の中でわたしたちがなることができるのは、せいぜいのところ彼の羊に過ぎないのではないか。真の意味でわたしたちの存在を羊から救済しようとするお方はこのように語られる。進んで道に迷え、そして彷徨うことを恐れるな！

哲学者と破門

哲学者は進んで道に迷い、彷徨うことをためらわない者でなければならない。だが、彼らのこのような「出立」は、しばしば「家出」というよりは「破門」の形式を取る。すなわち、哲学者は僧が寺を発つように自分が気に入らない場所を離れる人間であるというよりは、まったくもって彼を堪えかねる共同体から追放される人間である場合が多い。スピノザの場合もそうであった。

「「理事会《マアマド》」の元老たちは以前からバルーフ・デ・スピノザの邪悪な考えと行動の数々について知っていたために様々な手段および約束を通して彼を悪の道から引き戻すために努力した。しかしそれらの努力は何ひとつ実を結ぶには至らず、それどころか彼が教唆し実践した恐るべき異端思想と奇怪な諸行動に関する深刻な知らせは日を追って増し、またそのような事実を裏付ける数多くの信頼に足る証言が寄せられ、これは上記スピノザの面前で確認された。したがって元老たちはこの問題が真実であるとの確信に基づいて、その一切を敬うべき「賢者たち《ハハミール》」各位の臨席の前に検証をし同意を得たのをもって、上記スピノザに破門を宣告し、イスラエルの民から追放することを決定した。……話し言葉であれ、書き言葉であれ、何人も彼とは言葉を交わすことのないように。何人《なんぴと》も彼に好意を示したり、彼とひとつ屋根の下に泊まることのないように。同じく彼によって編集、あるいは執筆されたどんな文章をも読むことのないように」(5)。

一六五六年七月二七日、ユダヤ教の会堂でスピノザの破門を宣告するこの文章が朗読された。いったいどんなことがあったのかは知る術がない。スピノザは当時二四歳であり、わずか数年前まで父の商いを手伝う若者であったに過ぎない。さらに彼の祖父と父はユダヤ人共同体で相当な影響力を持っていた人物である。だが父の死後、二年も経たないうちにこのとんでもない文章が朗読されたのだ。

興味深い点は、スピノザを追放したオランダのユダヤ人たちもまた追放された者たちの共同体であったという事実だ。彼らはスペインとポルトガルのカトリック君主による迫害を逃れてきた人々であった。だからといって彼らが厳格な教理を唱える原理主義者であったということでもない。スペイン君主が迫害を加えた者たちは商業活動を維持するためカトリックに偽装改宗をし、状況がさらに深刻になった後に脱出した人々だ。オランダに来てからはユダヤ教に戻ったが、「偽装改宗」のために彼らは「マラーノ」、すなわち「豚」という罵言を浴びせられもした。そうであるなら、そんな迫害の歴史を持った人々からまでも糾弾されたスピノザとは一体、どんな存在であったのだろうか？

ユダヤ人であるためにナチの弾圧を避けてドイツからフランスへ、フランスからさらにアメリカへと亡命を続けねばならなかった哲学者、ハンナ・アーレントは一九四三年「われら難民 We Refugees」という非常に強烈な論文を発表した(6)。そこで彼女はナチに追われたユダヤ人たちの姿を非常に物悲しいトーンで描写した。ドイツで生き残るためにドイツ人よりもさらにドイツ人らしく行動せねばならず、フランスに逃避してからはフランス人よりもさらにフランス人らしく行動せねばならなかったユダヤ人たち。最初にナチに追われてフランスに逃避したユダヤ人たちはフランスの歓待を受けた。だがドイツとの戦争が開始するやいなやユダヤ人たちはフランスにおいても迫害を受けることになった。ドイツ人になることができ、そしてフランス人になることもできる者たちは、いつでもまた他の者になることができると考えられたためだ。

まさにこのような歴史を持っていたためにユダヤ人たちは第二次大戦以降他の国の市民ではなく自分の国の市民として生きようとする熱望、つまり自分の国を建国しようという熱望を強く感じたのかもしれない。事実、それはユダヤ人たちだけではない。主流秩序から追い出されたり不安定な生を生きる人々は、自己を追放した者たちに反感を感じる一方、他方ではそのだれよりもそのような権力を持った者たちとして生きたいと思い、安定した秩序に編入されることを望む。不安定な生の苦痛をだれよりもよく知っているためだ。

だが前の論文でアーレントはユダヤ人の中の少数はまったく異なる道を歩んだという点を喚起する。多くのユダヤ人が主流秩序における出世を夢見たのに対して、少数のユダヤ人はいっそのこと「「意識ある追放者 conscious pariah」になることを望んだというのだ」(7)。ハイネからカフカ、そしてひょっとするとチャーリー・チャップリンまで、「無礼に見えるほど」真実を語ることを恐れない者たちがいた。ある者は追放されたためにより出世しようとし、自分のものにより執着するのだが、少数の人々は追放されたためにむしろその追放の真実を証言する運命を選ぶ。追放された者たちの内の多数は、自分自身が追放された者でありながら他の追放された者たちから自らを区分して主流になろうとしたが、その内の少数は進んで追放された者として残り、真実を証言することで他の追放された者たちと連帯しようと試みた。

きっと若いスピノザもそうではなかったかと思う。彼は「無礼なほど」に真実を語るのに躊躇することがなかったようだ。したがってあるときは刃物で切りつけられたこともあった。彼は人々がいつも考えることを愛するのではないという事実をよく記憶するために切り裂かれた外套を大切にしまっておいたという(8)。おそらく彼はユダヤ人たちの中における支配的感情には従わなかったようだ。当時、オランダのユダヤ人たちはスペインとポルトガルに対する憎悪のため、宗教的には距離のあるカルヴァン派と協力していた。彼らは共和主義オランダをスペインに立ち向かう好戦的な民族国家としてつくり上げようとしていたのだ。スピノザはそれに対して批判的であった。もちろんこのことが破門の理由であったのかどうかは確かではないが、ともかくも彼はユダヤ人共同体から破門され、そのために家業を続けることができなくなったために、眼鏡細工の技術を身につけねばならなかった。ところがまさにそのおかげで光学法則に親しむようになり、当代のめざましい科学の成果を目に留めることになった。そしてまた破門されたために自分が属していた共同体から抜け出し、恐れることなく真実を語る哲学者の道を歩むようになった。

追放された者たちの共同体において再び追放された者として生きていくということ。現代においてもこのようなことは相変わらず起きている。ドキュメンタリー『アメリカの急進主義者――ノーマン・フィンケルスタインの審判』(9)の主人公、フィンケルスタインは韓国では『ホロコースト産業』という本の著者として知られている(10)。彼はこの本でアメリカのユダヤ人たちが「ホロコースト」をユダヤ人の占有物とし、それを道徳的資本となしてシオニズムを拡大させてきたと批判した。この本は文字通り途方もない破門を呼び寄せた。だが人々の耳目を引き寄せたのはこの主張の当事者がユダヤ人であるのみならず、その両親がホロコーストのサバイバーでもあったという事実だ。彼の両親の実家はすべて、ホロコーストにおいて文字通り絶滅したのだ。

そんな彼がなぜこのような批判を提出するのだろうか？　さらに彼はパレスチナ人の独立を強力に支持し、イスラエルが働いた虐殺の数々を辛らつに批判する。いったい、なぜ？　彼はこのように語る。「わたしの両家の家族たちは（ホロコーストによって）みな亡くなりました。わたしの両親はワルシャワ・ゲットーで生き延びた人々です。ところでイスラエルがパレスチナの人々に犯した罪悪に対してわたしが沈黙することができないのは、両親がわたしとわたしの兄弟に贈ってくれた教え、ほかでもないその教えのためなのです」(11)。

この言葉がすべてを語ってくれるだろう。ユダヤ人の多くは彼らの両親が受けた虐殺の記憶のために自らの国を強い力で守らねばならず、自分を威嚇する勢力をまず制圧せねばならないと考える。しかし、少数のユダヤ人は虐殺を記憶し暴力に反対するため、自分自身がそのような虐殺者になることがないように警戒する。こうして彼らは何よりも自分の両親のように国を失い抑圧を受ける者たちの側に立とうとする。ユダヤ人たちはフィンケルスタインを「自虐的ユダヤ人」と呼ぶ。彼は結局、大学からも追放された。学科の教授たちは彼を強く支持したが、大学は彼の終身在職を拒否した。彼は非常勤講師としてあちこちを転々としているが、次第に彼を受け入れようとする大学は減っていく。ユダヤ人の諸団体は彼が新しく転入した家の主人に対しても彼を追い出せと圧力をかけてくるという。彼もまた、破門されたというわけだ。いまや彼も少数の、稀であるが高貴な学者たちの伝統の上に立ったのだ。

思う存分恨め、わたしも赦しはしない

警察官殺害事件の犯人として確定判決を受けて処刑場に立ったトロイ・デイビス。彼が死の部屋に入って来て最初にしたのは最前列に座っている被害者遺族を眺め渡すことであった。椅子に縛られたデイビスは何か一言あるかという問いに首を振って警察官の家族に語った。「あなた方が置かれている状況はわかっています。しかしわたしはあの仕業を犯した人間ではありません。わたしはあなた方の息子であり父であり、あるいは兄弟であるその人の命を奪い取りはしませんでした。わたしは潔白です」。そうしては言葉を続けた。「この事件をより深く掘り下げて見てください。そうすれば何が真実かわかることでしょう」。彼は自身の家族と友人たちにも願いを言い残した。「祈り続けてください。そして信念を失わないでください」。そして目線を移しながら刑を執行する人々、つまり彼の命を奪うことになる刑務官に言った。「わたしの命をこれから奪うあなた方に、あなた方の霊魂に神の慈悲があることを祈ります」。彼は「みなの霊魂に神の

祝福があることを」という言葉を残した(12)。

警察官は一九八九年に殺害され、トロイ・デイビスは二〇一一年に死刑を執行された。事件当時、トロイ・デイビスを犯人として認定するだけの直接的証拠はなかった。すなわち犯行に使用された銃器のようなものは発見されはしなかったものの、様々な目撃者の証言が現れるなかで、それが裁判所の判決に決定的な影響を及ぼした。ところが時間が流れるにつれて、犯人として目をつけられた彼が潔白を主張し続ける一方、証言者たちの中でも証言を撤回したり非常に矛盾した証言をする人々が生まれてくるなかで、彼の死刑に対する反対世論が起きた。結局、証言者の内で警察官以外の民間人はたった二人を残すのみとなり、その他の人はみな「警察が圧迫したのでそう証言した」と語っては証言を撤回してしまった。さらに新たに発見された証拠によれば、証言を撤回しなかった二人のうち一人は有力な容疑者であった。最初に有罪を宣告した判事は自分が検察と警察が作り出した「魔術装置 smoke and mirror」のために正しい判断を下すことができなかったのであり、現在判決をせよと言うのであれば無罪宣告を下すだろうと告白すらした。

デイビスの死刑執行を中止せよという要求があちこちで起きるや否や、二〇〇七年アメリカ連邦最高裁判所はデイビスに無罪を証明する特別な機会を付与した。しかしジョージア州裁判所は連邦最高裁判所が付与した新たな裁判機会をとんでもないものへと変質させてしまった。ジョージア州裁判所はむしろトロイ・デイビスに対して自らに罪がないことを一点の疑惑もなく証明することを命じたのだ。有罪を確信して死刑を求刑した検察が疑惑に答弁することではなく、反対にデイビス自身に対して一点の曇りもなく疑惑を解明することを要求したというわけだ。そして証言を聴取した結果、疑惑がすべては解消されなかったとして裁判所は刑を元の通りに確定してしまった。

その当時わたしはニューヨークのハーレムに滞在していたのだが、街のあちこちでトロイ・デイビスの死刑執行に反対するビラが貼られていた。わたしはともに過ごしていた知人に死刑執行は最終的には撤回されるのではないかと話したことがある。あまりにも事件が疑惑だらけであるのに加え、アメリカの前大統領から教皇まで出てきたのだから死刑を執行するのはどう考えても難しいように思えたのだ。ところが彼はわたしがアメリカをあまりに知らないというように断固として語った。「死刑はきっと執行されます」。死刑についてのあらゆる権限は州にあり、連邦はここに関与することはできないのだと彼は語った。そして死刑制度を持つ南部の諸州はこれを必ずや貫徹するだろう、と。続けて、この事件は黒人が白人警官を殺害した事件であるのだから撤回の可能性ははじめから存在せず、初期の捜査段階から陪審員構成に至るまですでに黒人犯罪者に対する処罰を予備したものだと語った。「ひょっとすると南北戦争の前に様々な南部の州で私的に加えられたリンチや処刑が法と制度の次元で吸収されただけかもしれない」と死刑制度を維持している南部の諸州を批判しもした。彼の分析が正しいのかはわからないが、彼が下した結論は正しかった。

ジャーナリストのエイミー・グッドマンはブログにこのような文章を残した。「この頃アメリカでは死を助長する傾向が顕著だ。最近、フロリダのタンパ・ベイで開かれた共和党全党大会でCNNのウルフ・ブリッツァーが仮定形でこのような問いを投げかけた。医療保険を購入しない人が深刻な病にかかった場合、わたしたちは彼を死ぬに任せておかねばならないのですか？ すると会場は「そうだ！」という喚声で一杯になった。以前の候補者討論会ではこんなこともあった。共和党有力候補であるリック・ペリー、テキサス州知事に死刑執行に対する情熱を持ち続けているのかと尋ねたところ、聴衆たちはにわかに立ち上がってリック・ペリーを激励する歓呼を送ったのだ。これを見て司会をしていたNBCニュースのブライアン・ウィリアムズが問うた。「あなたの在任期間に執行された二三四名の処刑に言及した瞬間、ここで起きたあの歓呼と活力を用いてあなたはいったいこれから何をなさるおつもりですか？」[13]

わたしはアメリカの田舎町と大都市のマンハッタンでそれぞれ短いあいだ暮らしたことがあるだけだ。アメリカについてなんだかんだ言うことが出来るほどの時間を過ごすこともできず、この国を十分に眺め回したわけでもない。アメリカには短所と同じくらい長所も多いという話も聞き、実際に場合によってはこのことがこの国、この文化の底力なのかと考えもした。けれども現在アメリカは何か大きく誤った方向に進んでいるという思いを消すことはできない。洗練された高層ビルがそれこそ見渡す限り広がっている一方、その下で庶民たちが乗る地下鉄は壁が剥けて水が漏れ、ねずみまではびこっている。とんでもない金持ちは多いけれど、庶民の生にまで神経を使うには精神があまりに貧しい国だ。世界のどの場所よりも表現の自由が保障されているところではあるが、映画監督マイケル・ムーアは自らの発言のためにいつテロを受けるか分からず、事実、いつも警備員を連れて歩くという（実際にその折、民主党議員一名が銃撃を受けもした）。さらにこの都市は世界のあらゆる人種が集まって住む一方で、決して互いに混じり合いはしない。人種と階級の壁がこのように堅固な場所もないのではないかと思う。

この主題について書き始めたとき、わたしはニーチェの言葉を引用して不当なことを経験すれば聖人君子のように美しく振舞うのではなく、若干の報復をするのが良いという仕方で話をまとめる考えであった。ところが静かな声で自らの潔白を主張しながら自分の命を奪うであろう人間の罪責感を少しでも減らすために彼らの霊魂に神の祝福を祈るトロイ・デイビスの姿を目にして考えが変わってしまった。わたしはニーチェではなく、彼よりもう少し毒のある中国の偉大な作家、魯迅の言葉をここに書き記しておかねばならないと決心した。下の言葉は魯迅の雑文、「死」の最後に現れる一節だが、これは魯迅が実際に自身の病が進行する中である程度死を予期しながら書いた文章だ。彼は死ぬときあらゆる恩讐を整理してすべてを赦すという人々にこのように語った。

「西洋人は臨終の際にしばしば儀式のようなことをおこない、他人の赦しを乞いながら自らも他人を赦すという話がある。わたしの敵は相当に多い。万が一、新式を自任する者が問うならなんと答えるか？　わたしは考えてみた。そして決めた。思う存分恨め。わたしもまた、ひとりも赦しはしない」(14)。

屈服よりコーヒーを選んだものたち

大学院を卒業した日、学校で先生に挨拶をしに行ったことがあった。大概の先生はこのような場合、「論文執筆ご苦労だった」、「これから多くの素晴らしい研究が生まれるよう期待している」といったような徳談〔幸運や成功を祈る言葉。主には旧正月に交されるが、それ以外の日にもしばしば用いられる〕を学生に語りかけるものだ。だがわたしはこの日、まったくもって稀有な徳談を聞くことになった。茶を一杯入れてくれた先生は、生涯を研究者として生きていこうというわたしにだしぬけにこのような言葉を投げかけたのだ。「若いのだからむやみに膝を折ってはいけないよ」。君の友人たちを見ていると若いがゆえにひとたび膝を折ると生涯習慣になってしまうようだという言葉も付け加えた。金や他の人の承認を必要とする人、つまり「成功」しようとする人であれば自分の膝を折ることを惜しみはしないだろうが、教え子が学び続けようとする意志をはっきりさせた以上、その道を歩んでいる先生が貴重な言葉によって教え子の旅費を整えてくれたというわけだ。謙遜の美徳を知らないはずはない方なので、わたしはその言葉の重みを推し量らずにはいなかった。

先生は学問の道に進み出た幼い教え子にこの言葉を投げかけたが、学びというものが「悟り」と異なるものではないなら、それはきっと本を読み文章を書く人々にのみ当てはまる言葉ではないだろう。カントが「啓蒙」の秘密を知能ではなく「勇気」に求めたように、そして「批判理性」以外のどんな権威も認めなかったように、生において何かを学ぼうとするならば自分が同意しないことにたやすく首を縦に振ったり膝を折り曲げることはしてはならない。

もちろんこのことはむやみに意地を持てということではない。むしろ我執こそ自分の習慣と偏見（それを植えつけた社会と文化）に屈服することだ。わたしにとって物珍しい存在、わたしが理解できない存在へと快く自分自身を開放し、それに耳を傾ける勇気を出すとき、わたしたちは何かを悟ることができる。だから喜んで同意するときにも自由な人がいるかと思えば、斜めに構えて固執を持つときにも奴隷である人がいるのだ。奴隷とは、自分自身が正しいのか正しくないのかを問い正してみる能力がない存在、あるいはそのようなことに無関心な存在を指す。したがって奴隷は習慣、メディア、権力者に、そして多数に寄りかかるのだ。たやすく屈服するということは自ら問い正す能力と意志がないということなのだから、それは彼が何かを学ぶことを可能にする基盤がないということと同じだ。

遠く離れた国に滞在している間ですら目と耳の半分は韓国に残してあったために、韓国の状況が息苦しくなるとなかなか本を読み進めることができなかった。心が乱れてあれこれの本を取り出してみるのだが、突然一〇年位前に記しておいた読書メモのひとつがふと目に飛び込んできた。アメリカとの自由貿易協定（FTA）が宣布された日、このままでは生きていけないとメキシコ南部のサパティスタ先住民たちが蜂起を起したのだが、その部隊を率いた副司令官、「マルコス」という人が書いた本についてのものであった（彼が「副司令官」である理由は住民を「司令官」として彼らに仕えるためだ）。この本は韓国では『マルコスとアントニオおじいさん』という題で翻訳出版された(15)。ここに登場するアントニオおじいさんは実在する人物であり、マルコスが彼との対話を寓話の形式で書き起したものだ。

この本についてわたしが書き残しておいたものは、読書メモとは言ったものの実のところこの本の一部分を書き写して一言メモして置いたのがすべてであった。その部分をここに再び書き写す。この話は戦況が非常に不利になったサパティスタ部隊が政府軍に屈服すべきかを念頭に置いて議論を始める場面から開始する。

司令部では午後のあいだずっと討論を続けた。わたしたちは「屈服」という単語を表現するため原住民のものでそれに該当する単語を探していた。だがこの単語を探し出すことはできなかった。チョチル族の言葉にも、チェルタル族の言葉にもこの単語にぴったりと合う言葉はなかったのだ。また、だれもその単語がトホーラバル族やチョル族の言葉に存在するとも思わなかった。わたしたちはちょうどよい翻訳語を探そうと多くの時間を過ごした。外では雨が降っており、真っ黒な雲が雨の友人のように現れてはわたしたちの頭上に垂れ込めた。

（そのときアントニオおじいさんが言った。）「この単語はまことの言葉には存在しないんだそうな。

だからこそわれわれは、絶対に膝を折り曲げて屈服したりはしない。いっそ死を選ぶんだそうな。それはわれわれより早く死んだ者たちがわれわれにまことの言葉に存在しない言葉たちは世界で生命力を持つことができないように、絶対に使ってはならないと命令をしたからだそうな」。

司令部はコーヒーを飲むことにするか、「屈服する」という語に合う翻訳語を自分たちの言葉から探し続けることにするのかをこの土地、チアパスの伝統にしたがって表決に付した。満場一致でコーヒーを飲むことにした。だれも屈服しなかった。(16)

——マルコス、『マルコスとアントニオおじいさん』から

わたしがこの話を心をこめて書き写し、そのそばに記して置いた一言は以下であった。「どれほど偉大な無知だろうか。屈服を知らないということ。この部族にとっては屈服がなく、コーヒーがある」。

抵抗の価値

どんな抵抗もない世界。それはあらゆる権力者たちが夢見るユートピアであろう。恐ろしい権力者ではないとしても、政治の世界においてであれ学問の世界においてであれ人々は抵抗を否定的なものとして認識する。政治家たちは抵抗を抑圧したりふるい落とさねばならないものとして認識し、学者たちは相手を身動きできなくさせるときにこそ自らの主張の真理が立証されたと信じる。どんな場合であっても抵抗そのものを価値ある何かとして認識することは稀だ。

ところが精神分析を開拓したフロイトの文章を読んでいてある珍しい例を発見した。フロイトは自らの

方法を発展させる前、催眠術に期待をかけていた。催眠術は彼に「無意識」の存在を気づかせてくれたのだ。フランスの医師シャルコロから催眠術を学んだ後オーストリアに戻って彼は本格的な施術を開始した。ところがフロイトはいくらも経たないうちに催眠術の重大な問題を発見する。患者に催眠をかけると施術も楽で時間も短縮されるものの、効果が持続的ではなく非常にバラつきがあったのだ。フロイトが催眠術を使用することで何か重大なものを失ったということに気が付いたのはそのときだ。催眠術は何か重要なものを除去してしまう。まさにそれが患者の抵抗だ。

通念上、患者の抵抗は分析を阻む障害物だ。だがフロイトによれば真実とはその反対だ。彼は抵抗とは現れて当然なものであり、また現れる必要があるものだと語る。精神分析家はむしろ、患者の抵抗を「明らかであり十分である程度に」呼び起こさねばならない[17]。抵抗こそ無意識に対する分析を可能にしてくれる大切な通路であるためだ。患者がある要素にどれほどの強度で抵抗するのかを注意深く観察することによって、分析者は患者の無意識をダイナミックに把握することができる。ところが催眠術は患者のこのような抵抗を無くすことによって、すなわちあの深みから姿を現す言語を削除することによって、分析家をある限界のうちに閉じ込めてしまう。

精神分析において抵抗しない患者とは自ら語ることがない患者と同義だ。そのような患者に対してであれば分析家は気楽に自分の言葉を語ることができるだろう。だがこれは対話ではなくて独白だ。分析家はどんな妨害もなしに自分の知識を適用することができるであろうが、決して患者を理解することはできない。フロイトは患者が無力な対象ではなく積極的な患者であるときにのみ治療が可能だということ、つまり優れた分析者とは傾聴することに長けた者でもあらねばならないということをよく知っていた。

もちろん、精神分析もひとつの分析であり治療である限り患者の抵抗を克服せねばならない。さらに精神分析は非常に不道徳で恥ずかしい諸々の欲望を曝け出すために、当然患者の強力な否認と抵抗に直面せざるをえない。生活に大きな支障をきたすほどに神経症に苦しめられ、それを治療するために高い相談料まで払ったにもかかわらず、人々は分析家の作業に必死に抵抗する。だが理解し難いこのような抵抗こそ、分析家に迷路を探索するための赤い糸を投じてくれる。精神分析家は患者の抵抗を克服していくが、その克服は患者の抵抗を肯定するところから開始する。真の理解は抵抗を超えたところにあるが、わたしたちは抵抗を通してのみそこに辿り着くことができるのだ。

このように抵抗を肯定しながら抵抗を通して現れた問題を理解することは、抵抗を否認してそれをなくそうとする態度とは完全に異なるものだ。精神分析はわたしたちに、「抵抗の否認」とは問題の解決ではなくその通路を封鎖してしまうに過ぎないということを、そしてまた強い抑圧とはより大きな歪曲を生むだけだということを教えてくれる。わたしはこのことが精神分析家と被分析者、医師と患者の間にのみ該当することではないと思う。「抵抗のない世界」を夢見て「独白」のみを事とする人々がいったい何を取りこぼし、自らどんな限界に閉じ込められるのか、そしてどんな危険に嵌まり込んでいるのかを考えてみなければならない。うるさいと言って耳を閉じるなら、当然のことだが理解することもできなくなる。抵抗の声が聞こえなければ楽で良いだろうが、それは無知という危険の内で享受する安楽に過ぎない。そしてその危険はだれよりもその安楽を享受する者たち自身を脅かすものなのだ。一言で、抵抗を大切に考え、抵抗の言語に耳を傾けねばならない。

フロイトが精神分析を初めて学ぼうとする人々に最初の講義をした折に語った言葉が思い浮かぶ。彼は精神分析学について聴衆たちが本能的に敵対感を持つだろうと語った（おそらくこのような敵対感がない人とは、ただ単に精神分析に対する教養を積むといった皮相的な知識を得ようとする人に過ぎないだろう）。そして精神分析を学べばこれからかなりの大きな困難を経験するだろうと警告した。学界で仕事を見つけるのも難しいだろうし、人々の「不信と敵意に満ちたまなざし」に晒されもするだろう(18)。フロイトはあたかも精神分析を学ぶための道案内をするどころかそれを妨げようとする人のように、難関と困難、不利益について語り続けた。そうして最後にこのように付け加えた。「わたしの警告を無視して次回もこの講義に参加するのであれば、その人々は歓迎します」(19)。まことに面白い言葉だ。精神分析を学べばぶつかることになる障壁であるかのように羅列したものが、実のところ精神分析を学ぼうとする人々のための歓迎の言葉だったというわけだ。

註

（1）フリードリッヒ・ニーチェ、吉沢伝三郎訳「第二の舞踏歌」『ツァラトゥストラ（下）ニーチェ全集10』、ちくま学芸文庫、一九九三

（1）G. Deleuze, "Philosophie et théologie" Sur Spinoza, Cours donnés par Gilles Deleuze, enregistrés à l'Université Paris 8-Vincennes-Saint-Denis, 1980. 11. 25. 以下のリンクより閲覧可能。以下、ドゥルーズからの引用はすべて同リンクを参照。http://archives.skafka.net/alice69/doc/Deleuze%20-%20cours_vincennes_1978-1981.pdf

（3）ミシェル・フーコー、田村俶訳『快楽の活用 性の歴史2』、新潮社、一九八六、一五—一六頁

（4）김용옥、《도올의 도마복음 이야기》、통나무、2008

(5) スティーヴン・ナドラー、有木宏二訳『スピノザ——ある哲学者の人生』、人文書館、二〇一二、一八〇—一八一頁

(6) ハンナ・アーレント、J・コーン/R・H・フェルドマン編、齋藤純一ほか共訳「われら難民」『アイヒマン論争 ユダヤ論集2』、みすず書房、二〇一三

(7) 同書、五一頁

(8) G・ドゥルーズ、鈴木雅大訳『スピノザ——実践の哲学』、平凡社ライブラリー、二〇一二、一六頁

(9) Ridgen, David/Rossier, Nicolas (Director/Producer), *American Radical: The Trials of Norman Finkelstein*, 2009, United States. なお、著者によると以下の引用はこの映画からのものだという。

(10) 邦訳は、ノーマン・フィンケルスタイン、立木勝訳『ホロコースト産業——同胞の苦しみを「売り物」にするユダヤ人エリートたち』、三交社、二〇一四

(11) 前出、*American Radical: The Trials of Norman Finkelstein.*

(12) 以上、デイビスによる最終陳述は以下で確認できる。"Troy Davis' Last Words Released by Georgia Department of Corrections", Huffington Post, October 7, 2011
http://www.huffingtonpost.com/2011/10/07/troy-davis-execution-last-words_n_1000648.html

(13) Amy Goodman, "Troy Davis and the Politics of Death" (September 14, 2011)
http://www.democracynow.org/2011/9/14/troy_davis_and_the_politics_of_death

(14) 魯迅、竹内好ほか訳、増田渉ほか編『魯迅選集 第12巻』、岩波書店、一九六四、九四頁

(15) 사파티스타 부사령관 마르코스 지음、박정훈 옮김、《마르코스와 안토니오 할아버지》、다빈치、2001
〔マルコス副指令官、小林致広編訳『老アントニオのお話——サパティスタと叛乱する先住民族の伝承』、現代企画室、二〇〇五〕

(16) 같은책、44—46쪽(同書、四二頁)。なお、日本語版の翻訳においては本文で引用した部分の全体は訳出されていない。

(17) フロイト、新宮一成ほか訳『精神分析入門講義——一九一五—一七年 フロイト全集15』、岩波書店、二〇一二、三五四頁

(18) 同書、六頁

(19) 同書、七頁

第五章

わたしたちは資本主義収容所に生きている

解釈労働と共感の能力

二〇〇七年、大型量販店「ホームエバー」で労働者たちが売場を占拠してストライキを起こした。ストライキに参加した労働者の大部分は非正規の女性労働者であった。少し突拍子なく聞こえるかもしれないが、そこでわたしは哲学の講義をしたことがある。生の切実さが生み出した事件の現場は哲学に絶好の場所だということを言ったことがあるのだが、その言葉を書き留めておいた人に頼まれれば、わたしには拒みようがなかった。とにかくもその縁で労働者の何人かとあれこれの話をする機会があった。

そこである人がストライキ以前の労働環境について話をしながら凄まじい話をひとつ聞かせてくれた。大型量販店では総じて顧客の不平を買ったり自己秘密点検で「ひっかかった」労働者たち（たとえばレジで顧客に向かって機関銃のように吐き出す「五つのあいさつ言葉」のうち一、二個を抜かしただけでも客を装った点検班にひっかかることがある）に対して、その次の日二時間早く出勤してひたすらあいさつを繰り返させる処罰を下すという。ところがその方が働いていた売店では三〇代の課長が四〇代から五〇代の女性労働者たちに「ウサギ跳び」や「アヒル歩き」をさせたというのだ。まさしく苛酷な人権侵害の事例にほかならない。

あまりにも馬鹿馬鹿しいので、その話を聞くとすぐわたしは彼女たちになぜそんな仕打ちをただ耐えていたのかと聞いた。ところがとても印象的だったのはその返答だ。彼女たちによると、もちろん悔しかったが、そのときの課長の立場を考えると彼が怒りを感じるのも仕方がないと思ったというのだ。自分は子供たちの塾代でも稼いでみようという気持ちで非正規で働いているが、課長は正規職なのだから会社に対する愛着が自分とは違うようだし、何より顧客の不平が売り上げの打撃につながることもあるのだから会社としてはサービス問題に敏感であらざるをえなかったのだろう。その後で彼女たちはこう続けた。もちろん自分としては悔しかった。客がやたらに集まってくる時間帯にすべきあいさつをすべてこなしながら仕事の処理をしていると後列の客はあらゆる悪口を浴びせてくる。ひたすら早く処理しているとあいさつのようなことは一言、二言程度は省略できるのだが、そのためにこのような処罰を受けるのはあまりにもひどい。

わたしが彼女たちの答えが印象的だと言ったのは一種の視覚の転倒のためだ。彼女たちは状況を自分の目ではなく課長の目を通して理解しようとしていた。すなわち課長の立場から見るならば自分の行動に怒りを覚えるのも仕方ないと考え、そのために自らが経験した凄まじい出来事を受け入れようとした。このように社会的弱者たちはある状況を自分の立場から解釈するよりは権力を持ったものの目で見ようとする。

いずれにせよ状況は権力者がそれをどのように解釈するのかにかかっているためだ。

人類学者のデヴィッド・グレーバーはこれを「解釈労働 interpretive labor」と呼んだ（わたしは彼の著書『逆順の革命』でこの概念にはじめて出会った）(1)。彼は「解釈労働」の基本的内容を男女の非対称的な権力関係に対するフェミニストたちの主張から発見できると語った。たとえば、男性に対する女性の理解と女性に対する男性の理解の間には非対称性が存在する。ある男女に性別を入れ替えて互いの日常に関して記述することを要求すると、女性は大概の場合男性の日常を仔細に記すことができるのに対して男性は女性がする仕事についてあまり理解がない返答をする。これは女性が男性の観点から事態がどのように見えるのかをしばしば想像し、男性の視角を自分の視角にする経験が多いからだ。そしてこのような傾向は家父長制社会であるほど大きいという。

だがグレーバーによると解釈労働の諸事例は女性だけではなく社会的弱者一般において現れる。彼によると、「底辺にいる人々は頂点にいる人々の観点を想像するために多くの時間を消費して実際に彼らに気を配るが、その反対の場合はほとんど起こらない」(2)。したがってたとえば、レストランの厨房で何かが生じると労働者たちは店長に事態を説明するために必死にあれこれの言葉を並べ立てるのが決まりだ。それはおそらく、事態の真実が少しでもうまく伝えられず、それが理由になって権力者が判断を誤ると、彼ら自身が被ることになる被害を堪えることができないためだろう。しかし、店長のような権力者はこれとは正反対の態度を見せる。彼は複雑な話をすべて聞きたくはない。彼は要点だけを把握したいのであり、それも徹底して自分の視角から、自分の論理通りに整理しようとする。

事実、このようなことはだれでも思い浮かべることができるだろう。職場である事件が起きるとき、職員たちは上司や社長がこの問題をどのように見るかをまず考え、あるいは軍隊で事故が起きるなら、その事態の真実よりは上官の目にその事態がどのように映るかについて悩むことになる。喫茶店のアルバイトは顧客との争いが起きるときにはこの争いが店長にどのように見えるかを想像し、教室で問題が起きるとき学生たちはそれが教師の目にどのように映るかを想像する。家庭が家父長的であるなら、母親は今日起きたことについて夕方に戻ってくる父親がどのように考えるかについて日がな悩むことだろう。このように、他者の立場で問題を眺め解釈する労働はその労働を遂行する人の社会的位置を露わにしてくれる。

しかし、解釈労働を遂行する人々の社会的地位が低いからといってその労働の価値が低いわけではない。事実は反対だ。他人の立場を想像して共感しようとする努力は人間が人間に接するにあたってもっとも基本的でありながらもっとも重要なことであるためだ。これは人が人を育て、人が人を愛するための絶対的前提だ。すなわち解釈労働は人間関係を支える根幹だと言うことが出来る。

グレイバーは「産業領域では頂点にいる人々が想像力をより多く発揮する仕事（たとえば製品をデザインして生産を組織する仕事）をするのだが、社会的関係の生産において不平等が出現するときは底辺にいる人々が主に想像的な仕事（前に「解釈労働」と呼んだもの）をするのが「一般的」だと語った(3)。製品を生産するときは想像力を発揮する仕事を高く評価しながら、人間関係を生産するとき、すなわち人が人を生産するときは低い地位の人が想像力を発揮するように構造的に強制されるということだ。これが不平等な社会の特徴だ。

おそらく良い社会とはその反対であろう。そうしてみると、以前に読んだある原始部族の酋長の話が思い浮かばれる。彼は酋長であるにもかかわらず部族員たちすべての心がどんな状態であるのかについてきめ細かに神経を使い、配慮することについて大きな名誉と自負心を感じたという。「酋長であるにもかかわらず」と述べたが、事実はそのような繊細な配慮こそが彼を酋長にしたのだ。おそらくわれらが権力者たちは「権力者が何をそんなわずらわしいことを」といぶかしがるだろう。だがこの酋長は自らを共同体のリーダーとしては考えても権力者と見なしはしなかった。わたしたちの大部分にとってこの言葉を理解するのは容易なことではないだろう。わたしたちは普通、そんなものを見たことも考えたこともない社会に住んでいるためだ。

けれども、これだけは確実だ。上級者が下級者の、店長が従業員の、教師が学生の、両親が子供の気持ちを汲み取ること、つまり権力者こそが人間関係において解釈的労働を行う社会こそが良い社会なのだ。

原子力からの転向

今となっては目新しくもない話だが、韓国は国土面積に対比した原発台数を示す原発密集度において飛びぬけて世界第一位の国だ。現在は二〇基を超える原発が稼働中であり、政府のエネルギー需給計画によれば二〇二四年には三四基の原発が稼動することになるという。その頃になれば現在二位であるフランスの三・五倍に達する原発密集度になる。韓国のように石油が一滴も出ない国は多く、また韓国と同じくらいの原発技術を持った国も数多くあるが、どの国も韓国ほど多くの原発を作ることはなかった。原子力発電の過程で生じる廃棄物に対する代案も存在しない状況で（ただただ未来の世代が解決してくれることを祈って地中に埋めておくほかない）、そして自然災害やテロはもちろん装置故障による大型災害の危険が残っている状況で、わたしたちはきわめて狭い懐に日増しに増大する危険を抱え込んでいる。

メディアの報道によれば、日本の福島では地震と原発事故によって二万名の人々が亡くなったり行方不明になったという。二万名という数字もものものしいが、これから先数十年間にわたって飲食物の摂取などを通した内部被曝のために癌のような疾病で亡くなっていく人々を考えれば、まことに恐ろしい災難に違いない。福島の災害以降、五〇基を越える日本の原発は事実上稼動を止めた。すべて完全に停止後、ただ幾基かを再稼動したのみだ。数万から数十万名に上る日本の市民が毎週首相官邸と議会を取り囲んで「原発完全ゼロ」を叫びもした。日本にいる何人かの知人たちはわたしに自分たちが経験した原発の恐ろしさ、最近の原発反対デモにおいて日本社会が探し求めている希望についてさまざまな話を聞かせてくれる。このような重要な話の数々が、不幸な歴史的背景によってか、原発マフィアと思考回路が同じの韓国のメディアによってか、ほとんど海峡を渡って来ることがないのがあまりにも残念だ。

現代フランス文学と哲学に精通した日本の批評家、鵜飼哲（韓国では『主権のかなたで』という本が翻訳されている(4)）に出会ったとき、彼は福島における災難以降の日本社会の変化についてさまざまな貴重な話を聞かせてくれた。そのなかで彼がしばしば言及した哲学者、ハイデガーの論文がわたしの耳を引き寄せた。ハイデガーが一九五三年に講演した原稿を集めた『講演と論文』の冒頭、「技術についての問い」がそれだ（鵜飼はこの文章とともに、一九六二年の講演「原子力時代と人間性喪失」に言及した）(5)。「ここでハイデガーは原子力発電に対して直接言及します。彼はわたしたちが仮に原子力を統制することに成功したとしても問題が解決するのではないと語ります。彼は原子力の問題が統制可能性の問題にはないということをすでに指摘していました。彼の哲学が持つ問題についてはさまざまな話がありえますが、ともかくも彼は一九六〇年代にそこまで進んでいたのです」。

鵜飼の言葉通り、ハイデガーは「そこまで進んでいた」のだ。現在のわたしたちは「原発が統制可能なのか」あるいは「原子力を平和的に使うことができるのか」にのみ注目しているが、彼はそれよりもさらに進んだ問いを投げかけた。ハイデガーは語った。「原子力が平和的に使用されるのか、戦争のために悪用されるのかなどの問いは二次的なものです。わたしたちはそれよりもまず、そのあらゆることを超えて遡及的に問いを投げかけなければなりません」(6)。彼は原子力開発のために露わになっているもの(「脱隠蔽されているもの」)、原子力技術によって刻印されているものが何なのかを問いかけた。彼の用語で言えば、それはわたしたち「人間の現存在」であり、今日わたしたちの生が置かれている「運命」だ。いつもあれこれの要求に追い立てられ、「駆り立て」られながら、システム全体のなかのひとつの部品へと転落し、挙句の果てには「崖っぷち」に立たされているわたしたち、それにもかかわらずいざとなるとその「危険」がわからないわたしたちの運命がそこには刻み込まれているということだ。

そもそもの初めから、あらゆる「技術」は何らかのものを露わにする。古代ギリシャで「テクネー(技術)」という言葉は日常の財貨を製作する行為のみならず、今日「芸術 art」として分類される多様な実践と生産とを意味した。ギリシャ人たちにとって技術とは何かを「外に - 引っぱり - 出すこと Her-vor-bringen」、すなわち彼らが「ポイエーシス」と呼んだ行為の一種であった。たとえば、銅からラッパを作る職人は銅からラッパを「外へと引っぱり出す」。だが、この「露わにすること」とは製作者の全権事項ではない。製作者はただそれが可能になるようにさまざまな要素を集めて管理するのみだ。銅という質量、ラッパの模様の形成、演奏という目的、それらすべてのものを一箇所に集める製作者の運動(実践)まで加えられるときにはじめて、楽器としての「ラッパ」はその姿を現すのだ。

ところがハイデガーが語ったところによれば、現代の技術において露わになっている態度はこれとは非常に異なるものだ。ハイデガーはそれが、「ポイエーシス」という意味における「外に引っぱり出すこと」ではないと語る。現在の技術とはそれよりはむしろ、強圧的につかみ出すこと、すなわち一種の「挑発的要請 Heraudfordern」だ。たとえば、古代の農夫たちは種を蒔いて芽が出るのをその成長力に委ね、それがうまく育つよう面倒を見るのみだ。しかし現代の農夫たちは自然を信じることがないためにより多く収穫しようと化学肥料を使って農薬をまき、土地を「駆り立てる」。過去の風車と水車はその翼と車輪を風と水に全的に委ねたが、水力発電を行うダムは電気エネルギーを吐き出させるために川を変形させる。川は川として存在するというより、発電所の本質に合わせて存在するようになる。

八〇歳になった年、ハイデガーは「放下 Gelassenheit」という題の講演でこのように語った。「自然は唯一で巨大な石油タンクになります。つまり現代の技術と産業のためのエネルギーの源泉になるのです」(7)。そして、原発の技術はまさにこの延長線上にある。「技術への問い」においてハイデガーは語った。「いまや大気は窒素の供給を強いられ、大地は鉱石を、鉱石はウラニウムを、ウラニウムは破壊のためであれ平和的利用のためであれ関係なく原子力供給を強いられています」(8)。

しかし、自然に対するこのような「駆り立て」は事実、現在人間自身が曝されているところの「駆り立て」の延長線上にあると言うことができる。「森で木を刈る山守は彼の祖父と同じ仕方で山道を歩むが、彼が知っていようといまいと今日の彼は木材加工産業によって注文を受けて仕事をする」(9)。そして木材加工産業はまた、家具市場の注文を受けている。同様に、ウラニウムに原子力供給を強いる「駆り立て」は家電産業の要請であり、さらには低廉な電気を使用して大量生産をしようとする産業一般の要請だ。この過程において変形されたのは外観上は自然であるが、さらに根本的にはそのようなシステムに適応するようにつくられたわたしたちの生の形態だ。わたしたちは挑発的要請を受けてそれを伝達する一個の部品として、全くどうしようもない運命のうちに置かれているというわけだ。原発は、「どうしようもないんじゃないのか」という抗弁の内でわたしたちを絶えず断崖に追いやるおぞましい運命の証しだ。

本当に恐ろしいのはこの「危険」をわたしたちが「危険」として自覚せず、この「無能」をわたしたちが「無能」として自覚できていないということだ。あたかもわたしたちが桁外れの技術的力量を持っているかのようにわたしたち自身の「無能」を欺き、競争でわたしたちが「優位」にあるという事実を強調するだけでその競争が断崖へと駆け込むようなものであるということがわからないということだ。互いに「駆り立て、駆り立てられる」運命を変えようとしない限り、わたしたちの生の支配的形態を変えようと努めない限り、緑色の成長が緑色の破壊と同義語になり、日光と風がウラニウムのような運命に置かれることは防ぎようがないだろう。

ハイデガーはヘルダーリンの詩句を引用してこのように語った。「危険があるところ、救いの力もまた育つ」(10)。だが、この国で救いはいまだに遠い。すぐ近隣の福島であのような災難が起きたのにもかかわらず、わたしたちの当局者は「今や韓国が原子力強国に躍進する機会が来た」と言い放っているのだから。

ゴッホの発作と死の間で

ヴィンセント・ヴァン・ゴッホ。アルルの輝く星を描き、太陽より眩しいひまわり、草色の火花によって燃え上がるヒノキ、そして何よりも海のようにゆらゆらと揺れる空を描いた偉大な画家。だが彼はまた愛する恋人に会わせてくれと彼女の両親の前で手を灼き、同居していた画家のゴーギャンとの葛藤によって左の耳を切り、何度もの発作のために精神病院に入院し、後には腹部に銃を撃って自殺した。絵の天才性のかたわらで光を放つ生の狂気、激情的なタッチのもとでのたくりまわる恐ろしい発作の数々。ゴッホのように描きたい人は多いに違いないが、果たしてゴッホのように生きたい人はどれだけいるだろうか。

メトロポリタン美術館でゴッホによる一点の絵に夢中になったことがある。ミレーの作品を模写したものであった。作品の題名は「歩きはじめ」。この作品は妙にわたしを捕らえて離さなかった。帰国する頃までにわたしはこの絵を見るためにメトロポリタン美術館に何度か重ねて足を運ばねばならなかったほどだ。春に種を蒔くために畑を耕していた父は農具をしばし置き、母の手をつかんで現れた赤ん坊に向かって手を広げている。赤ん坊はもうあんよを始めたように、母の手を後に父に向かって不安定にも歩き始める。春の陽炎のために草木はラミョン〔韓国で一般的に食べられるインスタントラーメン〕の麺のようにくねくねと立ちのぼる。ミレーの原作が古い白黒写真のようであるならば、ゴッホによる新しい作品においてはさまざまな色彩が花々の噴水のように溢れ出す。ミレーの絵が平穏ながらも神々《こうごう》しい印象を与えるものであるなら、ゴッホの絵においては赤ん坊と春、赤ん坊のあんよと新たに生え出た芽が活気に満ちた生のエネルギーを噴出する。

ゴッホが死ぬ六ヶ月程前に描いたというこの絵からは拳銃で自らの腹部を撃った人間を到底思い浮かべることはできない。「歩きはじめ」だけではない。「郵便配達人、ジョセフ・ルーラン」をはじめとして、彼が描いた人々、空とともに青く染まったオリーブの木と太陽を反射するように黄色に波打つ小麦畑、そのどこにも死はなかった。彼が死ぬ前に描いた多くの絵は一方では諸事物に対する区分が瓦解する深い穴、すなわち深淵を見せてくれる。それと同時にこれらの絵はその深淵が決して恐ろしい場所ではないということを、それどころかさまざまな事物が互いに互いを染め合いながらひとつの流れになっているところであるということを教えてくれる。ふとこのような考えが浮かんだ。彼は死ぬことはできるが自殺することはできない！　いや、深淵に飛び込んで生を締めくくることはできるが、小麦畑にいるカラスたちを一羽ずつ描いては銃弾を充填し、自分を撃って死ぬことはできない！

彼はいったいどのような仕方の死を選んだのだろうか？　二〇一一年、イギリスのジャーナリスト二名がゴッホの死が自殺ではなく一種の「銃器事件」であったという新たな主張を発表して注目を受けた(11)。彼らはゴッホが当時その場所で銃を買い求めることは不可能であり（銃も発見されなかった）、銃の傷を負ったまま長い道を歩いて宿所に戻ってくることも不可能であったと語った。さらに当時、町の子どもたち数人が銃器事故を起こしたという状況も明らかになった。何よりも警察がやって来てゴッホに「あなたは自殺をしようとしたのか」と問うた時、ゴッホは「はい」とは言わずに、「そのようだ I believe so」と答え、付け加えて「決してだれのことも責めるな Don't accuse anyone else」と語ったという。著者たちによれば、ゴッホは過誤であれ意図であれ自らに銃を発砲した一〇代の少年たちを守ってやるためにそのように答えたというのだ。

ゴッホが自殺したのか銃器事故で死んだのか、その本当のところをわたしは知ることができない。明らかに子どもたちの銃器事故であったとしても、わたしが推測するゴッホの性情であれば彼はそれを自殺として、つまり自分の運命として快く引き受けたであろう。しかしわたしがここでゴッホの死について語ろうとすることは警察官や歴史学者たちが望むような真実ではない。わたしがゴッホの死に対する通念的解釈に反対するのは新たな事実を知ることになったからではない。

ただ、わたしはある人がこの社会でいわゆる「正常な生」を生きることができないとき、彼や彼女の身体であれ精神であれこの体制の秩序や規則を遵守するのが難しい状況にあるとき、それをただちに「死へ至る病弱さ」へと追いやってはいけないという点を指摘したい。ニーチェが『悦ばしき知識』において教えてくれはしなかっただろうか。健全な常識や通念が健康の指標ではありえないように、狂気もまたそれ自体で疾病や死に同一視されえはしないということを[12]。ニーチェは狂気の反対が健康や真理ではなく「飼いならされた頭脳」だという点を理解していた。苦痛を感じるからといってただちにそれを「病弱さ」が招来した結果だと言うことはできない。やはりニーチェ式に言えば、「病」はしばしば度を越えた繊細さ、場合によっては限界を乗り越えようとする過度な健康のために引き起こされることがある。

再びゴッホに戻ってみると、わたしは彼の「発作」と「死」の間にとてつもない間隙を発見する。よく知られているように、彼はアルルで何度か発作を経験した。発作のために病院に行った後、彼は弟のテオに語った。「病院に行った直後は「何でもない」と思ったけれど、気分が悪くなったのは「その後」だ」、と[13]。そして発作が起きた瞬間を「ギリシャ神託の預言のようなものへとねじれる瞬間」であったと表現した[14]。古代ギリシャ人たちが神託の前で「没我の瞬間」を体験したことを、ニーチェは彼らの健康の徴しとして解釈したことがある。普段の自分を忘却してさまざまな力へと自らを開放すること。そこでひとつの声を聴き取ること。あたかもそのことを指し示すようにゴッホはテオに語った。「巨大な霊的存在がアルルの女たちのように言葉を投げかけてくる」のだ、と[15]。

さらに「小麦畑」と「死」に言及するときすらゴッホが語ったことは「自らを殺害すること」とは距離

がずいぶんと大きい。死ぬ一年程前、彼はテオに「麦刈る人」を終えたということを伝え、この絵において「刈り取られる麦が人類でありえるという意味で死のイメージに見える」と記した(16)。あたかも、以前にミレーの絵を新たに解釈して描いた「種まく人」が生命であるなら、この「小麦を刈る人」は死であるということだ。「この死は悲しいものではない。太陽が金色によってあらゆるものを浸す明るい真昼に起きることなのだから。そうだ、僕はまたここにいる。けれども僕は何も手放したりはしない。もう一度新しい絵に挑戦しなくては。あぁ、僕はほとんどこう信じている。再び新たな光彩にまどわされていると。……これは自然と言う偉大な本が僕たちに語ってくれる死のイメージだ。しかし僕が探していたものはもう、「微笑を浮かべるように」咲き開いているようなのだが、すべてが黄色に染まっている。紫の丘を除けば、薄ぼんやりした黄と黄金の光で満ちている」(17)。

彼は幾度か発作に見舞われ、ときには自分の絵が売れないということ(自分の絵が認められないということ)、したがって弟のテオに続けて世話にならねばならないという事実に落胆しもした。だが少なくとも彼が思い浮かべる死のイメージは生と区分されはしないものであった。彼の絵が証言し続けているように、生と死はひとつの流れのもとで自然に調和しているものであり、自己に対する呪いと冷笑から生まれる銃の引き金ではなかった。

人々は少数者たちの「非正常性」を「死」に近いものとして考える傾向がある。だが、いわゆる標準的な身体をそなえた体制順応的かつ通念的な精神をもった人が「健康」と「生命」を証言することができないように、少数者たちに現れる多様な形態の「発作」もまた差別とそれに対する奮闘ではあっても、ただちに「病弱さ」と「死」に連結されてはならないものだ。わたしがゴッホの絵と手紙を読んで感じたのはまさにこのこと、つまり彼の発作には死が少したりとも入り込んではいないということだ。

ゴッホの死を解釈した文章の中でわたしが唯一共感したのはアントナン・アルトーによるものだ。自らもまた狂気の劇作家と呼ばれたアルトーは死ぬ一年前、ゴッホの作品を目にすると興奮してエッセイを書いたのだという。アルトーはゴッホの健康について確信し、その最初の文章をこのように親しげに書き記した。「わたしたちはヴァン・ゴッホの健康な精神に関して話をすることができる。彼は生涯でたった一度手を灼き、残りの人生においてたった一度左の耳を切っただけだ」(18)。この二つの文章からわたしはわたしがゴッホから感じた情感が完璧なかたちで表現されているのを発見した。アルトーによれば、ゴッホは狂気という害悪のため死んだのではない。むしろ、「狂気に到達し、それが何であり自分が誰であるかに気が付いたまさにそのために」、社会の支配的意識から処罰を受けた(19)。したがってアルトーはゴッホについてのエッセイの題名をこのようにつけた。「社会が自殺させた人、ゴッホ」。わたしはアルトーの解釈から、「狂気」という名の少数性が「社会」という名（アルトーにとっては医師のガシェという人物によって典型化された名）の多数性によってどのように殺害されたのかを読んだ。

もちろん前に語ったように、わたしが歴史的事実としてのゴッホの死に隠れた真実を明らかにする証拠を持っているのではない。しかし解釈的事実としてのゴッホの死はわたしにとってある明澄さをもって理解される。狂気と呼ばれようがなんと呼ばれようが、少数性には死が入り込んではいない。少数者たちの苦痛は身体的・精神的病弱さというよりはそれらに対する強力な反乱から来ることが多く（そしてこの反乱は何よりも「生きたい」という強力な標示だ）、万が一自らの手で生命を絶たねばならないときすら、それは外的な力と渾身の力で抗った末の屈服であり敗北であるのみだということだ。「彼にはしばしば発作が起こり、「したがって」死んだ」といった語りはしばしば少数者の「発作」に対する社会の「殺害脅迫」でありうる。ゴッホの発作と死の間においてわたしが思い浮かべたのはそのことだ。

収益モデルとしての人間収容所

二〇一二年、米国の歴史についてキム・テギュンの講義を聞いた。講義全体の題目は「米国史の裏道」であったのだが、この題がおのずから語ってくれるようにアメリカ人たちもあまり記憶したくはない米国史に関するものであった。記憶したくないことは個人にとっても国民にとってもあるものなのだから、重要なのはそれに向き合う態度だ。精神分析学の理論によれば、わたしたちが無意識の彼方へと追放し、抑圧しておいた記憶はそうして埋められたまま留まりはしない。強く抑圧すればするほど、抑圧されたものは変形を経て日常の症状においてより強力に現れるのに決まっている。この講義が注目したのはまさにこの点だ。

最初の講義では二〇世紀の初めまでアメリカで横行していたリンチの歴史が扱われた。アメリカ人たちは新聞に大きな広告まで載せて数多くの黒人を公開処刑してきた。一世紀の間におおよそ六〇〇〇から一〇〇〇〇人にのぼる人々が公開の場で殺害されたのだという。食べ物を買ってきてまでしてその殺人場面を見物しに行った狂乱を現在のアメリカ人たちは記憶しまいとする。当時リンチを行っていた地域の数々は過去に奴隷制が盛んであった州であり、現在は強力な死刑制度を維持している。また宗教的には大小の原理主義的性向をもったプロテスタントが盛んなところだ。これらのひとつひとつの要素は単なる偶然ではないだろう。キム・テギュンはアメリカ人たちが記憶することを拒否したがるこのような諸事例が現在アメリカ社会が内的に経験している人種的、制度的暴力の問題としていかに現れているのか、記憶の拒否が現在どんな問題において症状となって現れているのかをわたしたちに教えてくれた。

講演の二つ目の主題はアメリカの警察と監獄制度についてのものであった。アメリカでこのような諸制度の装置がいかにつくられたのかを詳細に検討する部分も興味深かったが、わたしにとってさらに深く印象的だったのは最近になって生じているというある傾向であった。キム・テギュンはアメリカの監獄の現状について説明しながら興味深い表現を使った。彼はアメリカにおいて「監産複合体」、すなわち「監獄と産業の複合体 prison-industrial complex」と呼ぶべき現象が現れていると語ったのだ。「監産複合体」とは容易に推測できるように「軍産複合体」という言葉から取ってきたものだ。軍事的利害と産業的利害が結合した利益集団（たとえば軍需産業体）が強力なロビーを通じてアメリカの対外政策を左右するということはいまや広く知られた事実だ。だが「監産複合体」はわたしに非常に異なった次元において哲学的に思考すべき主題を与えてくれた。それはほかでもない人間を閉じ込めることを収益モデルとなす社会に対する問いだ。

アメリカは現在世界で最も多くの受刑者を持つ社会だ。人口対比比率においても断然世界一位だ。アメリカ人たちは監獄や収容所といえばロシアや中国、あるいはイスラムの諸国家を思い浮かべるかもしれないが、世界で最も多くの市民を閉じ込めている国はアメリカ自身だ。アメリカ内の受刑者人口は二〇〇万名を軽く超え、世界でもっとも多くの人口を持った中国を大きな差で引き離す。人口一〇万名あたりの受刑者人口、すなわち全体人口に対比しての受刑者人口比率でも七〇〇名を超え、強権的統治者であるプーチンが治めるロシアの五〇〇名を軽く押さえて一位の座を占めた。

アメリカの監獄に収容された在所者の数は一九八〇年ごろから爆発的に上昇した。八〇年以降アメリカ社会で突然犯罪が猛威を振るったり大きな混乱が起きたりしたというわけではない。そんなことを考えるのなら反戦デモで沸き上がっていた六〇〜七〇年代がよりひどかったであろう。いったい何があったのであろうか？　一部の学者はこの頃がまさにアメリカ社会で新自由主義が本格化した時期であることに注目する。実際、アメリカには八〇年代頃から、たとえば所得格差が飛躍的に拡大するといったかたちを取る統計グラフがかなりたくさん現れる。これを偶然の一致としてのみ考えることはできないということだ。

新自由主義と受刑者人口の間にどんな関係があるのかといぶかしがる人もいるかもしれないが、新自由主義政策の基本的骨格を考えてみるならこのことが容易に納得できる。新自由主義の諸政府はおおよそ脱規制を通した市場の自由化、公的な部分の大規模民営化などを推進する。ただ、政府の役割を最小限にする古典的自由主義の理念とは異なり、新自由主義的政府は非常に強力な力を行使する。市場への介入は最小化するが、市場のための介入は非常に強力に推進するのだ。このとき政府が頻繁に標榜するのが法治主義だ。政府が法秩序を守ろうと語ることのどこが問題なのかと思うかもしれないが、問題は法秩序の強調が市場そのものの失敗（社会的両極化、貧困層の拡大）から派生する様々な社会的問題を公安の視角から解決しようとするところにある。

だが、ここでは八〇年代以降の強力な収監政策が果たして実際にアメリカ社会の安全を向上させたのかどうかを論じたいのではない。わたしが関心を持ったのはむしろ、アメリカ内の受刑者人口の急増が新自由主義と噛み合わさってどんなことが起こったのかという点だ。受刑者人口が爆発的に増加するにつれてアメリカの矯正施設は大きく不足することになったが、政府はこの問題を民間刑務所をつくることによって解決しようとした。そして民間刑務所の設立は公共部門の支出を減らそうとする新自由主義政府の理念ともうまく噛み合った。受刑者数にしたがって民間刑務所に管理費を与えるほうが公務員を直接雇用して刑務所を管理するより費用が節減されるというわけで、これは非常に効率的に見えた。

さらに民間刑務所は受刑者たちと雇用契約を結び製品を生産することもできた。一九八三年に設立されてアメリカ最大の民間刑務所になったアメリカ矯正企業CCA, Corrections Corporation of America は一九九〇年代後半にはニューヨーク証券市場で収益率がもっとも高いアメリカ五大企業に三年連続で選定されるほどであったという。公的なものの民営化が強化されるにつれて社会正義の骨幹である法秩序の一部、すなわち行刑執行機能が民営化され、それがあらゆるものを収益モデル化する新自由主義精神にぴったりと重なり合いながら企業化したのだ。

公的なものの民営化、市場の効率性、あらゆるものを産業化する精神の極限において、ひとつの収益モデルとしての「人間収容所」が出現したというわけだ。ナチのアウシュビッツ、ソ連のグラークに対して哲学者たちは多くの文章を書き残してきた。そして権力が人間の実存をいかに残忍に破壊するのかを収容所モデルを通して説明しようとしてきた。ところが現在、収容所が政治的権力ではなく資本の収益と関連した産業になったのであれば、わたしたちはこのことをいかに理解せねばならないのだろうか?

先に軍産複合体の話をした。軍事問題が産業的利害と適合した場合、戦争が収益事業に変質されうるために非常に大きな問題になる。同様に、アメリカ民間刑務所の問題を指摘する人々は、アメリカ社会で実刑宣告が増加して刑量インフレーション（重刑宣告）が現れている理由が、法秩序の確立のみならず刑務所の収益とも関連したものではないのかという疑惑を掲げている。

あまりに被害意識に囚われているのではないかと疑問を感じるかもしれない。しかしこれから挙げるような事例を検討してみるなら、ただそのように考えることもできないだろう。マイケル・ムーアのドキュメンタリー『キャピタリズム――マネーは踊る』を見ると、二〇〇八年から二〇〇九年の間にアメリカ社会を騒がせた事件のひとつが現れる[20]。ペンシルバニア州にあるルツェルン・カウンティー法院に所属する二名の判事が刑務所から金を受け取った容疑で提訴され、ついには有罪宣告を受けたのだ。はじめ、事件は出どころ不明の巨額の所得を捕捉した税務当局の調査から開始した。だがこの過程で恐るべき事実が露わになった。判事たちは一種の少年刑務所である「PAチャイルドケア」の設立者から二六〇万ドルに達する巨額の金を受け取っていたのだ。理由は至極単純なもの、すなわち民間刑務所である「PAチャイルドケア」の収益のためにより多くの少年をより長期に渡って留まらせてほしいというものであった。こうして二人の判事は十代の青少年たちにかなり長い刑量を無差別に宣告した。たとえばある少年はインターネットコミュニティで自分の学校の校長をからかったのだが、このために一年を越えて収監されねばならなかった。ある少年は空き家に入ったという理由で、また他の少年はウォルマートでCD一枚を盗んだという理由で長期間収監された。彼らがこのような行為に及んだ理由はあまりにも簡単なものであった。少年たちがいない空の監獄は丸ごと出費であるのに対して、収監された少年たち一人ひとりはみな収益の源であるということだ。

人間が人間を商品として売買することの歴史は長い。古代の奴隷たちはその人格が丸ごと売買の対象になった。彼らは事実上、生きている商品であった。近代資本主義においては人格の自由は保証されるものの、それでもなお人々に一定の時間自らの生体能力の一部を商品として売ることを強いる。それがまさに労働力の商品化と呼ばれるところのものだ。しかし、わたしたちは現在、資本主義精神が極限化した地点において新たな事態を見ているのかもしれない。それは人間を閉じ込めること、人間の不自由からある収益モデルをつくり出すことだ。すなわち、収益モデルとしての人間収容所を作り出すこと。わたしたちはいったい、この事態をいかに理解すべきなのだろうか?

わたしたちは施設社会に住んでいる

ミシェル・フーコーは「ヘテロトピア」という文章でどんな社会にも「他者空間 espaces autres」あるいは「ヘテロトピア heterotopies」と呼ぶことができる空間があると語った(21)。あたかも左利きと右利きを入れ替える鏡のように、社会の空間と配置を照らし出しながらそこでは何かが裏返っている空間があるというのだ。今からわたしが話す障害者の収容施設(以下「施設」)もそのような空間の中のひとつだ。大概このような空間は社会の通常的空間とは異なる、非常に例外的で特別な場所として取り扱われるが、フーコーによればこのような空間こそ社会全体の輪郭をもっとも明瞭に描き出してくれる場所である。

ある社会の例外的空間がまさしく同じ社会の輪郭を露わにしてくれるというのはまことに興味深い発想であるに違いない。兄弟福祉院[※二]の被害者であるハン・ジョンソンの証言を収めた『生き残った子』を読んだときにわたしに思い浮かんだ考えもそれであった(22)。この本は一九八〇年代釜山に存在していたある恐ろしい施設に対する告発であるが、また当時の韓国社会に対する告発でもあり、ひょっとするとわたしたちが現在もなおそこから解き放たれてはいない施設社会に対する証言であるとも言うことができる。兄弟福祉院という「問題施設」に対する彼の告発は施設を必要とし、施設を通して作動し、施設の原理の上に構築された「施設社会」一般に対する問題提起でもあるということだ。わたしは彼の話を追いながら、「施設」とはどんな場所なのか、なぜわたしたちが「問題施設」ではなく「施設一般」、さらに進んで「施設社会」について語らなければならないのかについて、話をしてみようと思う。

兄弟福祉院の話を読んでみると、施設長を頂点にした絶対権力体制がまず目に入ってくる。ハン・ジョンソンの言葉を借りれば、そこは「園長の一言によって何でもなされる場所」であった(23)。収容者たちは「遠くから園長が近くに来ると、していたことをすべて中止して挙手敬礼をした」(24)。施設長だけではない。あらゆる職位は常に権力の行使とただちに連結していた。「福祉院のなかで職位を持つということはとてつもないことだ。職位を利用して何でも行うことができる」ためだ(25)。施設長が少しでも不快な気分を露わにすると末端ではおぞましい暴力が行使された。

福祉院では「理由なき」暴力もしばしば振る舞われたのだが（あるときは単純に天気を理由として、またあるときは文字通り「何となく」）、これは権力がその純粋性や絶対性に近づいたときに露わにする権力の真の姿だ。権力は絶対的になっていくほどその理由を必要としなくなる。権力それ自体が理由となるためだ。したがって施設において恣意的な暴力、理由のない暴力が行使されるということはそれによって権力の存在が確認されるということ以上ではない。

いかにしてこのような「絶対権力」ないし「純粋君臨」が生み出されえるのであろうか？　それは権力者というよりは収容者、すなわち被害者に起きたことに関連がある。施設に収容される時、収容者たちは事実上あらゆる社会性、つまりあらゆる社会的関係と政治的権利を剥奪される。彼らは一度に縁故なき者、権利なき者になるのだ。人間が社会的存在であると語るなら、彼らは人間を人間にしてくれるあらゆる脈絡が除去された状態において施設に入って来ると言える。その瞬間、彼らは自らの生存を施設に全面的に委ねるほかないひとつの単純な生命体へと縮小される。生のこのような全面的依存がその委託を受ける体制の絶対権力を作り出すのだ。収容者たちは何もすることができないために、施設と施設長はあらゆることをすることができる。端的に、ここは権力のユートピアだと言うことができる。

人間を人間にしてくれるあらゆる脈絡が解除されるために、収容者の生は動物や獣のそれへと収斂されていく。わたしは以前に施設収容者たちの証言資料集を読んだことがあるのだが、そこで収容者たちは自分たちが事実上獣としての扱いを受けたと語った。実際に人を畜舎で寝かせる場合もあり、飼育と呼んでも誇張ではないような仕方で人を監禁し、食べるものを犬の皿で与えるところもあった。ハン・ジョンソンの表現を裏返して言うなら、そこは「人」を「獣」へと転落させる場所であった。

けれども前に語ったように、権力の無限の増殖を許すこうしたモデルはこのような空間でのみ作動するのではない。むしろ、兄弟福祉院は朴正熙《パク・チョンヒ》から全斗煥《チョン・ドゥファン》〔両者とも韓国の歴代大統領〕へと続く兵営社会における権力者たちの理念型であったと見るのが正しいだろう。幾名かの人がすでに指摘しているように、兄弟福祉院は一九七五年の維新体制下〔第六章※二を参照〕で公布された内務部訓令四一〇号に基づいて設立された。緊急措置を乱発して社会全体を規律によって支配された統制空間としてつくり出そうとした時点において路上の浮浪者たちに対する強力な収容措置がなされたのは偶然とは言えない。光州虐殺〔光州事件。第六章※一を参照〕以降、鉄拳統治体制を構築しようとした全斗煥政府は「正義社会の具現」という美名の下で維新体制を形成したこのような措置の数々を継承し強化していった。

軍事政府の時代、韓国社会は事実上兵営社会であり、これに抵抗するものたちには暴力と拷問、拉致と密葬〔死体を人目に触れさせずに埋葬すること〕が降りかかった。兄弟福祉院でなされたおそろしい暴力と拷問、密葬などは当時の社会で一定の制約のために完全には実現されなかった、当時の権力が持っていた欲望の純粋実現に近かった。すなわち、兄弟福祉院は例外的空間ではあったものの、それは社会の理念から逸脱した空間であったという意味においてではなく、むしろ社会の理念が例外的に鮮明に具現された空間であったという意味においてそうなのだ。

権力だけではなく金(経済)と霊魂(イデオロギー)においても兄弟福祉院で起きたことはわたしたちの社会全体を照らし出す。施設に収容された人々は社会から経済的能力を否認された人々であり、おおよそ自立の信念と意志が欠けた人々として見なされる。だが奇妙にも施設では彼らの経済的かつ霊的な価値が注目される。施設が確かに見せてくれるのは、権力モデルと利潤(収益)モデル、霊的モデルがそれぞれ別のものではないという点だ。国家と資本、教会によって代弁されるこれらの領域は、その作動様式と媒体が違うとはいえ根幹においては相互転換可能性が存在する(権力と利潤、イデオロギーの間における相互転換)。

兄弟福祉院は社会においてあらゆる経済的手段と能力が剥奪、あるいは否認された存在が施設でいかなる経済的意味を獲得するようになるのかを見せてくれる。一般労働市場においてであれば収容者たちは低い生産性のために拒否されるが、収容所では通常の場合想像不可能な労働統制と賃金搾取が可能であるために高い収益をあげることができる。彼らは一般の労働市場では就職できないとしても、兄弟福祉院では洋裁や木工、鉄工作業に配置され事実上賃金を受けとることがないままで強制労働をせねばならなかった。福祉院はこれを通して相当な収益をあげることができた。

さらに、一般社会においては労働能力がないために無価値なものとして評価される身体そのものが、施設においては生体商品としてその価値を認められる。施設に対する政府支援が収容者の数字にしたがってなされるために、彼らの身体を確保することは金と直結した。ハン・ジョンソンによれば、このような理由のために福祉院は「子供であれ大人であれめったやたらに引っ張っていった」(26)。ところが、兄弟福祉院の場合にはもはや生体ではない死体までもが価値を見出した。兄弟福祉院は死んだ者たちの死体を病院の実習用として三〇〇万ウォンから五〇〇万ウォンで販売したのだ。

このような搾取をイデオロギー的に合理化してくれるのが教会であった。教会は収容者たちの強制収容そのものを道徳的に合理化し(単純な自立意志の薄弱から霊的な罪悪に至るまで、教会は収容者たちに対して多様な道徳的犯罪項目をつくり上げ、強制収容自体を罪に対する一種の処罰として擁護した)、収容施設の中での強制規律や強制労働を同様の仕方で正当化した。さらに現在も教会は多くの施設を運営しているのだが、この場合、施設にはあたかもそれが教会の空間、すなわち世俗とは区別される霊的な空間であるかのような印象が刻印される。これによって社会から各種の規制と干渉を避けることができる権力の独立的空間が創出されるというわけだ。ハン・ジョンソンは、「教会は福祉院内部で一番高い場所にあった」と回想した(27)。それはもちろん兄弟福祉院内部の建物の配置を示した言葉に過ぎないが、福祉院の権力における宗教的性格と霊的搾取を指し示す言葉としても読み解くことができるだろう。

前にも語ったように、施設は社会から隔離され、社会的関係から排除された空間であるが、まさにそのために陰刻〔主に彫刻において絵や文字を彫ることによって浮き上がらせることが原義〕の仕方でありのままの社会を照射する空間でもある。それは社会全体を対称的に照らし出す鏡のイメージであり、したがって社会を理解するためには施設を理解することが非常に重要だ。鏡のイメージは社会に対するわたしたちの認識の有用な出発点でありうる。だが忘れてはならないことは、鏡のイメージを変えることで社会そのものを変えることはできないということだ。事実は、鏡に写ったイメージを変えるためにも、その鏡が写し出している場所自体を変えねばならない。わたしたちの社会を、ということだ。

一九九〇年代、民主化とともに軍事政府は終焉を迎え、兵営社会モデルも公式的には解消された。政治・経済・社会の各領域、特にその公式的諸部分は制度的に相当な部分自由化され、合理化された。ところが施設問題を検討してみると、「施設」はあたかも民主化の過程からこぼれ落ちた例外的空間であったのかという錯覚が起きるくらいだ。かなり多くの施設が相も変わらず抑圧的で閉鎖的な体制を維持しているためだ。これは「施設社会」という問題意識から光を当ててみるとき、わたしたちの社会が大きく変化してはいないということを明らかに示してくれる。一部の施設は軍事政府の頃の兵営社会モデルとそれほど変わったようには見えない。おそらく「施設」は例外的空間だという考え、「施設」を「ここ」の問題ではなく「あちら」の問題として見る視角がそのようなでたらめな施設を現在の時代においても相変わらず存続できるように放って置くことを可能にしているのかもしれない。

だが、施設問題の根幹は現在も残存している「時代錯誤的な」施設の問題ではない。そのような施設は当然のこと閉鎖されてしかるべきおそろしい施設であるに違いないが、このような「問題施設」によって「施設の問題」、さらに進んで「施設社会の問題」を覆い隠してしまうことがないように注意せねばならない。家畜の畜舎が精練された療養施設に変わり、暴力を振るう輩による人身拉致が消え、専門家の判断を借りて施設入所が決定されるとしても、人をどんな仕方であれ隔離し別個に管理・統制せねばならない社会は施設社会だ。施設社会とは、まさにそのような施設を通さずには「ともに」生きる方法が準備されえない社会だと言うことができる。

一九八七年に兄弟福祉院が閉鎖された時、収容者たちはみな福祉院の施設からは脱け出すことはできたもののこの施設社会のうちでただ見捨てられてしまった。彼らは再び物乞いをすることによって延命せねばならず、結局異なる「施設」に入所せねばならなかった。「施設社会」とは施設のほかに代案がない社会であるためだ。つまり浮浪者であれ障害者であれ、社会の一部構成員たちを「施設」を通して隔離することによってのみ維持される社会であるためだ。ハン・ジョンソンも、その姉や父もみなそのようにして異なる施設を転々としてきた。ハン・ジョンソン自身は基礎生活受給権〔生活保護受給権のこと〕をもとになんとかその危うい生をつないできたのであり、精神病を患った姉と父を施設に残したまま生きている。

わたしたちは兄弟福祉院の「露わになった野蛮性」によって、わたしたちの社会における「露わになってはいない野蛮性」を見落としてはならない。施設収容者たちの脱施設を直接に防ぐのは施設長であるが、露わにはならない仕方で脱施設を防いでいるのは施設社会だ。基礎生活受給権から移動権、活動補助員制度〔介助サービス制度のこと〕、脱施設のための住宅支援などと関連した諸問題が施設よりさらに高い塀を積み重ね、脱施設を防いでいる。さらにより長期的な観点から見るならば、生の追放と放棄、あるいは放置などを通して生に対する支配を拡張する権力の現状はむしろよりいっそう強化されているという印象を受ける。このことがほかでもないわたしたち自身が施設に対する問題提起を出発点として施設社会に対する問題提起まで進んでいかねばならない理由ではないかと思う。

※一　社会福祉法人兄弟福祉院は一九七五年に内務部訓令四一〇号（浮浪者の申告、取り締まり、収容、保護と帰郷および事後管理に関する事務処理指針）を根拠にして設立され、一九八七年まで一二年間にわたって釜山直轄市との委託契約のもと三〇〇〇人を超える浮浪者、障害者、孤児らを強制収用し、強制労働や暴行、性暴力のもとで五〇〇人以上もの死亡者を出した。その背景には一九八六年の第一〇回アジア競技大会や一九八八年のソウル・オリンピックを控えるなかで政府が浮浪者の大々的な取締りに乗り出したという状況があった。

註

（1）David Graeber, *Revolutions in reverse*, Minor Compositions, 2011. 데이비드 그레이버 지음, 황희선 옮김, 〈역순의 혁명：혹은 폭력의 정치적 존재론과 상상력의 정치적 존재론 사이의 갈등에 대하여〉, 《목소리 없는 자들의 목소리：대중의 소수화》, 부커진, R 1.5, 그린비, 2008

（2）Ibid. p. 51（같은 책, 46쪽）

（3）Ibid. pp. 53-54（같은 책, 48쪽）

（4）鵜飼哲『主権のかなたで』岩波書店、二〇〇八。우카이 사토시 지음, 신지영 옮김, 《주권의 너머에서》, 그린비, 2010

（5）マルティン・ハイデッガー、関口浩訳『技術への問い』、平凡社ライブラリー、二〇一三。なお、本文で言及される「原子力時代と人間性喪失」は、「原子力時代と「人間性喪失」――小島威彦氏への手紙」『KAWADE道の手帖 ハイデッガー』、河出書房新社、二〇〇九

（6）ハイデッガー、辻村公一／ハルトムート・ブフナー訳『根據律』、創文社、一九六二、二四二頁

(7) マルティン・ハイデッガー、辻村公一訳『放下　ハイッデッガー選集15』、理想社、一九六三、一九頁
(8) マルティン・ハイデッガー、関口浩訳『技術への問い』、平凡社ライブラリー、二〇一三、二七頁
(9) 同書、三三頁
(10) 同書、五一頁。なお、この詩句のドイツ語原文は下記。"Wo aber Gefahr ist, wachst/Das Rettende auch." ヘルダーリンの讃歌「パトモス Patmos」第一節より。
(11) S. Naifeh & G. W. Smith, *Van Gogh: The Life*, Profile Books, 2011. なお著者がこのことを知ったのは以下の記事を通してだという。http://www.bbc.com/news/entertainment-arts-15328583
(12) フリードリッヒ・ニーチェ、信太正三訳『悦ばしき知識　ニーチェ全集8』、ちくま学芸文庫、一九九三、一四六—一四八頁
(13) 빈센트 반 고흐 지음、정진국 옮김、《고흐의 편지2》、펭귄클래식코리아、2011、151쪽。一八八九年一月二三日の手紙を参照。なお、ゴッホの手紙の既刊の邦訳〔ゴッホ、硲伊之助訳『ゴッホの手紙』、岩波文庫、一九七八〕においては本文で参照した手紙は省略されているが、英語版は以下のサイトからアクセスできる。http://vangoghletters.org/vg/letters/let745/letter.html
(14) 같은 책、같은 쪽
(15) 같은 책、같은 쪽
(16) 같은 책、175쪽、一八八九年九月五—六日の手紙を参照。http://vangoghletters.org/vg/letters/let800/letter.html
(17) 같은 책、175쪽、180—181쪽
(18) アントナン・アルトー、粟津則雄訳『ヴァン・ゴッホ』、ちくま学芸文庫、一九八六、一〇頁
(19) 同書、二〇—二一頁

(20) マイケル・ムーア（監督）『キャピタリズム～マネーは踊る～』、二〇〇九、アメリカ合衆国
(21) ミシェル・フーコー、佐藤嘉幸訳「ヘテロトピア」『ユートピア的身体／ヘテロトピア』、水声社、二〇一三
(22) 한종선、전규찬、박래군、《살아남은 아이》、문주、2012
(23) 같은 책、36쪽
(24) 같은 책、36쪽
(25) 같은 책、36쪽
(26) 같은 책、12쪽
(27) 같은 책、55쪽

第六章

野蛮人がわたしたちを救う

あなたの驚きとわたしの驚き(1)

二〇一〇年一一月一〇日、ロンドンのトラファルガー広場に五万名を越える学生たちが集まって授業料引き上げに反対するデモを起こした。当局はもちろん主催側も予測できなかった、さらには過去数十年間においてイギリスで類例を発見するのが難しい規模のデモであった。広場に集まった学生たちはあちこちで行進し、いくつもの建物を占拠した。アクティビストたちは執権政権である保守党の建物の屋上にのぼってプラカードを広げたりもした。その中には車椅子に乗った若者もいた。

デモが指導部もないままにあちこちへと広がっていくと当局はデモを無責任な「動乱」だとして煽り立てた。警察は鎮圧に乗り出しウサギを追いたてるようにデモ隊を追いやって九時間を越えるあいだ路上に閉じ込めもした。しかしこの日から学生たちは一ヶ月内に大学の講義室を始めとするところどころを占拠し、ブログ、ツイッター、フェイスブックを通して互いの怒りとアイデアを交換し合っていった。一二月九日、授業料引き上げに関連した議会の評決がなされた日にデモは頂点へ達した。警察は厳重な警戒体制を敷いたが数多くの学生たちが議会広場に集まってきた。

今回の話の主人公、ジョディ・マッキンタイアーもその広場にいた。ジョディは一一月一〇日、保守党の建物の屋上に車椅子に乗って現れたまさにその人だった。彼は一二月九日のデモ隊の風景をこのように描写した。「ここにいる人々は時間が来れば現れる、そんな典型的な「戦争反対」のデモ参加者ではありませんでした。たった数週間前といっても、デモに参加するなんて想像したこともないような一四歳か一五歳くらいに見える子たちも多かったです。この若者たちの心にはどんな高い壁も存在してはおらず、みんなが自分たちの声を上げようと、その声が聞こえるようにしようと現れたのです」。

ジョディは自ら車椅子を転がして弟と一緒に広場に行くと、次第にデモ隊の前方へと進んでいった。だが突然、警察がこん棒を振り回してデモ隊を攻撃した。ジョディの表現を借りれば、多くの人々が「夕立のように激しく降り注ぐ」警察のこん棒に叩きつけられた。そして四名の警官がジョディの肩をつかむと彼を車椅子から地面に投げ下ろしそのまま引っ張っていった。弟と友人たちもまた殴打を受けながら他の方向へと引っ張られていった。しばらくのあいだ暴行が続くと警察は彼らを放置して消え去ったのだが、弟と仲間たちに出会ったジョディは驚くべきことに（！）再び議会広場へと進んで行った。そこには暴動鎮圧のための警察がいた。車椅子に乗ったまま彼らを突き破って前に進み出たジョディは暴動鎮圧警察と騎馬警察の間に自分と弟とが立っていることに気が付いた。だがそこで、ついさっき自分を車椅子から引きずりおろして暴行した警官のひとりが彼を見つけて再び近づいてきた。警官は車椅子を傾けて彼を地面に投げ飛ばすと再び歩道まで引きずっていった。その瞬間、彼は意識を失ってしまった。人々は警察に声を上げて抗議した。

だれかがこの事件を写真に撮ってインターネットに載せると、この事件はイギリス社会で大きな論争の的となった。しかしわたしが驚いたのは警察の暴力でも、それに対する大衆の反応でもなかった。わたしをまったくもって驚かせたのは、それに対するジョディの返答であった。「あの事件で人々が本当に問わねばならなかったのは、なぜあの警官がわたしを車椅子から引きずり下ろしたのかではなく、なぜ彼ら自身がこの出来事に対してそんなにも驚いたのかということです。考えてもみてください。本当にわたしがされたことが、(同じくその日に起きた)地面に横たわっていた一四歳か一五歳の少女のお腹が蹴飛ばされたことより、あるいは学生たちが頭を乱打されて応急治療室に送られたことより、つまりそうして危うく脳出血で死ぬかも知れなかった彼らの場合よりもより恐ろしいことだったのでしょうか?」

彼は続けてこのように語った。「その日警察が見せた行動はそれほど驚くべきことではありません。政府を守るのが彼らの仕事でしょう。一一月三〇日にわたしたちが見た学生デモでは数千名の学生が警察の許可も受けずロンドン中心部を貫通しました。それでも暴力をまったく使用しなかったでしょう。そういうデモよりもこの政府にとって脅威となるものはありません。そうしたデモこそがこの政府にとって直接の危険になるのだから、結局彼らはそれに対処するために警察を送っただけのことでしょう」。

全くもってクールな答弁であった。「もしかすると彼は本当の障害者ではないのかもしれない」だとか、「何の必要があって危険な場所に行くのか」といった保守言論の攻撃にもジョディは同様にクールに受け答えた。要するに彼は、そうした言論が警察と実際に異なるところのない執権勢力の守護者であるために、それら言論に対して自らを正当に扱えと要請するような考えはないと語ったのだ。警察と言論を相手に法廷闘争を行うのと同時に、メディアにおいて彼は警察と言論の暴力がそれほど目新しいものではないといった仕方で対応した。むしろ彼はインタビューのたびに質問者に問い返した。「なぜあなたはわたしがされたことに対してそんなにも驚くのですか？　なぜイギリスの大衆はこのような事件に驚くのでしょう？　わたしに起きたことよりもっと驚くべきなのは、わたしのことに驚くまさにあなたがた自身です」。

ジョディの心中をうかがうことはできないものの、今回の事件に対する市民たちの怒りをむしろ問題にするなら、そこには二つの側面があるようだ。はじめに、ある点から見れば障害者の生において暴力は特別なことではない（特に韓国のような社会では）。あなたが障害者を車椅子から突き落とす暴力を見て驚愕したなら、あなたはそれまで障害者たちがいかにして生きてきたのかを見たことがない人なのかもしれない。なぜなら、暴力に対してこの程度の感受性を持っていたならば、あなたは間違いなくそれまでにも障害者たちが日常的に経験しているさらに恐ろしい暴力の数々に対してひどく憤りを覚えているであろうからだ。今日はじめてあなたが露わにする怒りは、つい昨日まであなたが見せていた沈黙をまったくもって理解不可能なものとしてしまう。

二つ目に、障害者のことを「とりわけ」気の毒な存在として見る人々の怒りは障害者が提起する問題が障害者だけの問題ではなく社会一般の問題であるということを覆い隠してしまう。障害者に行使される暴力は障害者に対してのみ該当する特殊な暴力ではなく、社会的に行使される一般的暴力の一端であるに過ぎないということを知らねばならない。ジョディは「地面を引きずられていったわたしのことに対してはそんなにも怒りを露わにしながら、頭を強打して応急室に運ばれた学生たちについてメディアはなぜ注目しないのか」と問うた。彼の闘いは障害者だけの特別な利益と関心を要求するものではなく、社会一般の解放のための闘いなのだ。

ジョディにとってはおそらく、この二つ目の側面が重要であったようだ。彼がある記者に打ち明けたように、彼にとっても「車椅子から引きずり下ろされたことはとても屈辱的な」ことであった。それは間違いなく残忍な暴力だ。しかし彼は確固たるアクティビストであった。つまり、たまたま運悪くデモ現場で暴行を受けた人ではなく、そこに正面から分け入った人であった。彼は自分がパレスチナに行ったときの経験を聞かせてくれた。「イスラエル兵士たちが毎晩街を攻撃しました。実弾を使ってです。それに比べればロンドンの警官がしでかす行動などわたしを怖気させるほどのものではありません」。彼は高校を終えた一八歳の年に南アメリカへと発ったのだという。チェ・ゲバラの生に感動したためだ。そこで三ヶ月を過ごした後、戦雲立ち込めるパレスチナに入り込んで運動を起こしたのだ。

「なぜ人々はそんなにも驚くのでしょう？　わたしが見るところ、もし彼らがデモで警察が行う役割を知らなかったなら、彼らは人生のあいだずっと眠っていたに違いありません」。人々は「障害者」ジョディを心配して「障害者」に対する警察の暴力を非難した。けれども事実、彼は大衆全体の一般的利益のために立ち上がった闘士であったのだ。彼は多様な話題に介入しながら様々なデモに参加してきた。彼のブログ、「車椅子の上の生 Life on Wheels」の副題はあるとき、「革命に向かって歩む者の旅程 One man's journey on the path to revolution」であった（現在は「権力は要求がなければ何事も譲歩しない Power concedes nothing without demand」という言葉が副題として記されている）。

最も先頭に立ちながら最も普遍的な要求を込めて闘う者に対して憐憫を見せるのは一種の侮辱だ。現在もなお、彼は闘っている。「障害者」にどうしてそんな暴力を行うのかと警察に対して憤る人々についてジョディがいぶかしげに思う理由がここにあるだろう。ジョディは彼らに対して、なぜあなたがたは驚くのかと問うているかのようだ。デモ隊が大衆の生を破綻させた執権勢力と闘うのがおかしいのか、あるいはその執権勢力が送った警察がデモ隊を鎮圧したのがおかしいのか、二つの間で衝突が発生することがおかしいのか。そうでなければ、本当にそういうことでないならば、デモをしているある運動家が、社会の変革を願うひとりの闘士が、車椅子に乗っているのがおかしいのか。

抵抗する存在は抹消されない

二〇一二年三月末、在日朝鮮人二世の金稔万監督が「インディー・ドキュ・フェスティバル」の招待を受けて韓国を訪れた。彼が連れてきた作品は「釜の住民票を返せ!」だ(2)。釜ヶ崎は日本の大阪にある日雇い労働者密集地域だ。

二〇〇六年一二月、三〇〇〇人あまりの労働者と野宿者たちが釜ヶ崎のある建物に転入申告をしていたことが新聞で報道された。これは住所地の確定を行政的に必要とする官庁の案内にしたがってなされていたことである。だが翌年四月の選挙を控えたなかでメディアを通じてこの問題が提起されると、まもなく市当局は彼らの申告住所が実際の居住住所ではないという理由ですべての転入申告を取り消してしまった。このために該当する労働者たちは投票権を失い、のみならず住所地の住民登録を基盤にしてなされた各種免許までもが取り消されるという境遇に置かれてしまった。さらに、通常新たな住所地に転入した後、一定期間が過ぎれば以前の住所地の記録は廃棄されるのだが、彼らの場合新たな住所地への転入記録が取り消された時、過去の住所地の記録もまた残っていなかったために住民としての登録自体が抹消される人々すらも生まれた。彼らは自然な状態としては明らかに生きているが法的には存在しない人々、文字通り抹消された存在になってしまったのだ。金稔万監督は二〇〇七年から二〇〇九年まで続いた彼らの闘争をドキュメンタリーに収めた。

さらに苦々しいのは、福島原発事故が起きたとき、だれも接近できなかった発電所に彼らが真っ先に投入されたという事実だ。高い日当を払ってやるという言葉で誘い（その日当の大部分も人力を中継した会社が持って行ってしまったが）被曝の危険も十分に知らせることのないまま彼らを放射能被曝の現場に投入したのだ。住民登録システムから追放された彼らが死の放射能廃棄物処理を引き受ける場面は本当に多くのことを考えさせる。金稔万監督は見えないところへと追放された彼らとその抵抗を実に見事に映画に収めきった。

彼とわたしは親交を重ねてきた。わたしは日本語を話せず彼の韓国語はつたないために多くの会話をともにすることはできなかったが、この数年間に何度か出会う機会があった。わたしは初めて出会ったときに彼が口にした言葉をいまだに覚えている。どのようにしてドキュメンタリーを撮るようになったのかというわたしの問いに彼はその韓国語で断固として語ったのだ。「見えないものを見えるようにしたいんです」。だからなのか、彼は人々が社会のシステムの彼方、記憶の彼方へと押しやってしまうことを執拗に引っ張り出す。今回の作品でも彼のそのような精神を垣間見ることができた。

彼は「釜ヶ崎労働者たちの権利闘争」を撮るだけではなく、自分自身の「権利闘争」をも始めることになった(3)。それを知ったのは「釜の住民票を返せ！」の上映終了後、彼が自ら始めた「名前闘争」、すなわち「本名」

を使用することに関連した訴訟を進行している話を切り出したときだ(4)。彼が語るところによると、彼は釜ヶ崎のある建設会社で日雇いとして働いていたのだが、ある日自分の作業用ヘルメットに「本名」ではない「通名」(日本式姓名)が書かれていることを発見した。本名が記されたステッカーは地面に捨てられていた。彼はその捨てられたステッカーをポケットに入れてこの闘いを始めたのだという。

彼の本名は「金稔万」だ。在日朝鮮人二世として生まれた彼は、幼い頃自分の名前をどのように読むのかすらも知らなかったという。「本名を知るようになって自分が何者かを発見していくんです。けどこんな過程を経ても環境が変わればまた始めに戻ってしまいます。小学、中学、高校で本名宣言を一生懸命しても、結局就職だとか結婚だとかの問題から本名宣言を否定してしまうんですよ」。名前をどのように用いるかはもちろん各自が決めるものだが、その名前のために、たとえば就職や結婚が難しいとすればそこには間違いなく抑圧が存在する。ところが弁護士や医師などの専門職でなければ在日朝鮮人が本名で就職して社会生活を行う場合は珍しいという。

もちろん日本の法の条文には日本式姓名を書かねばならないという条項はない。だれでも自分の好きなように名前を記すことができる。大阪地方法院の一審宣告はその点についてのみ神経を使った。通名に関して強要があったという事実を法院は認定しなかった。興味深いのは金稔万監督の両親が見せた態度だ。今年で八三歳を超える父は今回の訴訟に反対するのみならず、普段から「日本人は一流であり朝鮮人は三流」だと語ってきたのだという。彼の母もまた済州から来た方であるが、しばしば自分が日本で生まれたと語るという。しかし非常に保守的で頑固な父が、それも通名だけを使い「朝鮮人は三流」だとはばかることなく語る父が、驚くべきことに自らが埋められる墓碑には本名を使ったという。金稔万監督は裁判所が理解できなかったのはまさにこのことであり、自らが伝達したい点もまたここにあると語った。

哲学者のハンナ・アーレントはナチに追われたユダヤ人たちがフランスに戻って来たとき、フランス人たちを前にしておこなった演説を忘れることができないと語った。そのユダヤ人たちはこのように語った。「わたしたちはドイツでこれまで立派なドイツ人でした。今はフランスに来たのだからわたしたちは立派なフランス人になることができるでしょう」(5)。この場面に言及してアーレントはこのように付け加えた。「難民たちは原理上何にでも、そして誰にでも適応する」(6)。

少数者たちの極端な保守性や愛国主義はこのような裏面を備えているときが多い。少数者たちは多くの場合、社会で識別されないように自らを進んで抹消する。そして多数者たちの声を自分のもののようにそのだれよりも懸命に発そうとする。だがこのような自己抹消は正反対の事実に蓋をしている。多数者が思うがままにしている抹消の暴力のもとで自身を守るため、逆に自分自身を抹消するのだ。したがって、少数者の自己抹消は多数者の少数者抹消に対する告発だ。金稔万監督の両親も普段、そのように自らを消し去ってきたのだろう。金稔万監督はおそらくその点を日本社会に提起しようとしたのだろう。彼は墓碑銘に本名を記す父を思い浮かべてこのように語った。「死ななければ本名に戻ることはできないということなんでしょうか?」

「名前」を取り囲む彼の闘いは日本による植民地統治期の「創氏改名」を思い起こさせ、実際に植民地主義の遺産が現在日本で作動している様相を見せてくれる。だがわたしたちは彼の闘いを韓国人の根を忘れまいとする民族主義的行動として理解してはならないだろう。彼がよく理解している通り、この闘いは日本の中に住むベトナム人たちの問題でもあり中国人たちの問題でもあるためだ。日本と韓国という国家的構図ではむしろこの問題が隠蔽されてしまう。彼の闘いははるかに一般的な文脈において「少数者の歴史」、「少数者と国家」の問題を提起している。

あらためて問うてみるなら、在日朝鮮人の歴史は大韓民国の歴史より古い。在日朝鮮人たちは個別に国籍申請をしたり帰化をする場合でなければ韓国国籍も日本国籍も持っていない。在日朝鮮人たちの国家は厳密に言えば存在しない。彼らが証言するのは「国家」ではなく、「国家の喪失」だ。彼らは一方では国家を強奪した日本の植民地主義の歴史を現在時制において証言しながら、他方では国家に所属しないまま国家の中で生きていく「非国民の生」を証言する。したがって彼の闘いは日本帝国主義のもとで被植民の経験をした朝鮮人たちと同じくらい、現在韓国社会で非韓国人として生きている未登録移住者たちと共鳴する。そしてさらに一般的には自己抹消を通してのみ生存をつないでいくすべての少数者たちと共鳴する。

法院の一審判決後、彼は在日朝鮮人として一九七〇年に氏名問題について訴訟を提起した崔昌華《チェ・チャンファ》〔牧師、人権活動家。NHKを相手取っての名前の民族語読みを求める提訴や指紋押捺拒否運動で知られる〕という人物に言及した。そして自分は彼の意志を受け継ぐのだと語った。彼は歴史の記憶において絶え間なく消されていく名前、誰かが書き込み続けなければ忘却されてしまうその名を再び救い出し、次の世代に伝達しようとする。してみると、日雇い労働者たちの住民登録抹消事件から在日朝鮮人に対する歴史的抹消に至るまで、彼は一貫して抵抗している。彼は追放され抹消されたものたちを執拗に掴み出し、表に置く。「彼らは見えません。そして見えなくなってしまうともう、人々はそれ以上考えもしなくなるのです」。

あるゲイ活動家の政治的葬儀

精神分析学者ジグムント・フロイトの文章のなかに「哀悼とメランコリー」という論文がある(7)。哀悼として翻訳されたドイツ語「Trauer」はわたしたちが愛する人や対象(ある事物や動物でもありえ、祖国や自由のような抽象的なものでもありうる)を失って感じる悲しみの感情だ。だれでも同じように、わたしたちは愛する対象を失ったとき容易にその事実を認めようとはしない。精神分析学的に言えば、ある対象に投じたリビドーを、その対象が失われた後においてもわたしたちはなかなか撤回しはしないのだ。ひどいときには幻覚を通してその対象がいまだ目の前にいるようにしがみつきもする。一言で、わたしたちは愛するものをそれほど容易く見送りはしない。

しかし大概の場合、現実は「愛していた彼」がすでに存在しないことを気づかせてくれる多様な経験を提供する。彼がいたならば起きたであろうことがもはや起きなかったり、彼がいたために起こらなかったことが新たに現れたりしながら、わたしたちは彼が去ったという現実を次第に認めるようになる。フロイトの表現を借りれば、わたしたちは「現実の試練」を受けて次第に「現実を承認」するようになる。フロイトはこれが一度には成就しない、長く時間のかかる仕事だと語る。消えてしまった「彼」についてまわる記憶の一つひとつ、願いの一つひとつをつまみ出し、そこからリビドーを分離することができるときに初めて現実を承認し、正常な生活に戻ることができる。

たとえ精神分析学に精通してはいなくても、愛するものを失ったことのある人々なら難なくこの言葉に頷くことができるだろう。しかし、ある人々にとって話は少々狂ってくる。わたしは売買春女性たちの生活共同体であるマグダレナ共同体を訪問したことがある。そこには地下に祈祷室があり、いくつかの遺影写真が飾られていた。そのとき共同体の代表を引き受けていたイ・オクジョン先生に容易には忘れられない彼女たちの悲しい葬儀の話を聞いた。家族すら訪れることのない葬儀、こぶしを振り回す「ヤクザ」が棺を担ぎ、「ポン引き」が声を張り上げて慟哭したという悲しい葬儀のことだ。売買春の密集地において互いに寄り添い、互いに絡み合いながら生きて来た彼女たちは、去っていったものたちを祈祷室の写真のなかに祭っておいた。

フロイトの「哀悼とメランコリー」を読みながら彼女たちの姿が思い浮かんだ。その部屋でなされた哀悼とはどんなものであろうか？ 家族すら認めることをためらう人々に、自分の置かれた境遇と異なるところのない愛するものたちの死はどんなふうに受け止められたのだろうか？ フロイトは愛するものを失ったものたちが現実の試練を経ることで再び「正常」に復帰し自由を回復するかのように描写したが、彼女たちの葬儀はどうであったろうか？ 彼女たちは自由を再び手に入れ、新たな愛の対象を見つけることができただろうか？

わたしたちがしばしば「少数者」と呼ぶものたちの「哀悼」過程はフロイトが考えていたものとは不和をきたす。フロイトは現実を受け入れて正常化する過程について描写したが、少数者たちにとっては現実を承認する過程がすなわち「正常」に戻っていく過程にはならない。売買春女性はもちろん、多様な性的少数者、障害者などの人々にとって現実へと復帰する過程、つまり「正常化」する過程は再びの「非正常化」の過程でもあるためだ。現実に対する服従は「非正常者」としての自分を承認する過程と重なってしまう。この過程はまた、「非正常者」としての自分に対する卑下や自尊心の喪失へとつながることもある。

フロイトは哀悼とメランコリーとを区分してメランコリーは「去っていった対象」を自分自身と同一視するときに起きると語った。したがってメランコリーは去っていった対象に対する恨みを自分に対する恨みに変化させ(「わたしがダメだから」)、結局は自己愛の喪失へと至らせるとした。この場合、現実感が消失するのはもちろん、極端な無気力が生じる。だが少数者たちの場合にはここで若干のずれがある。フロイトが語るように去っていった「対象」と「わたし」を同一視はするものの、「去っていった対象」を恨むというよりも「そうやって」同じように去っていくであろう自分の運命をそこにあらかじめ見ていると言わねばならないかもしれないのだ。したがって、少数者たちにとっては「彼女は死に、わたしは生きている」という距離感よりは、「わたしもまた彼女のように死ぬだろう」という同類感のほうが大きく、また単純に彼らが「去った」という事実よりは、「そのような姿で」、「そうやって苦労して生きた末に」去ったという事実により大きく反応することになる。去っていった対象との距離感が存在しないために対象に投じたリビドーをなかなか回収することができない。「そうやって」生きた末に死ぬということは事実、自らの運命でもありえるということを感じるためだ。対象の死を認め、「現実のわたし」、「生きているわたし」に戻らねばならないのだが、わたしはその現実のうちで「生ける屍」として生きていくのであろうことを予感する。結局、現実の承認と現実への復帰が正常への復帰ではなく非正常への復帰となるのだ。現実を受け入れることは自分を非正常者として扱う同じ秩序を認めることであるために、つまるところ自分自身を非正常者であると断罪する過程と異ならない。だから当然ながら、自己卑下が起こるのは容易い。回復の過程が再度の無力化の過程になってしまうというわけだ。わたしは重度障害者の友人から彼女がある葬儀に行った時、「なぜか」怒りがこみ上げ、「なぜか」涙があふれ、「なぜか」体が痛くなって辛かったという話を聞いたことがある。

高祖岩三郎の『ニューヨーク烈伝』でも似た葬儀が言及されているのを読んだ(8)。そこにはデイビッド・ヴォイナロヴィッチが仲間のゲイたちの葬儀で感じた悲しみと怒りが引用されていた。「過去五年間にいくつもの葬儀に参列したが、その最後の機会に、憤怒に近い感情がわき起こるのを経験した。その葬儀の半ばあたりで、それ以前に参列した葬儀で見かけた多くの人々が、そこにも参列していることに気づいたのだ。そこで僕を怒らせたのは、追悼会が、それが開催されている部屋の外にはほとんど何の反響も与えないという事実だった。Aテレビ局の手を洗うことを奨励する宣伝のほうが社会全体に対してはるかに大きな影響力を持っている。僕は怒りを抑えきれずに叫び出しそうになったのでその場を退散した。……そこで思いついたのだ。いっそ愛人や友人やその他の人々がこの病で死ぬ度に、愛人や友人や隣人たちは車に死体を載せ、時速一〇〇マイルのスピードでワシントンへ馳せつけ、ホワイトハウスの門を爆破し、玄関前で金切り声をあげ、入り口の階段に死骸を投げ捨てたらどうか」(9)。

一九八〇年代半ば、いわゆる「エイズ危機」がニューヨークを襲ったとき、おそろしく多くの人々が死んでいった。そして同性愛者たちが問題集団として烙印を押された。同性愛者たちは潜在的ウイルス保菌者として分類され彼らに対する暴行が各地で発生した。一国全体が「エイズ」に対する憂慮を露わにしてその治療対策に乗り出したが、そのだれもが最も多くの葬式を執り行い最も大きな恐怖と悲しみに見舞われていた同性愛者たちのことを考え憂いたりすることはなかった。甚だしくは同性愛者たち自身が罪責感に陥り自らの生を否認するという事態までもが起こった。社会による集団的非難のなかで一日が長いと死んでいく恋人たちを途方に暮れて見ているだけであったとき、「哀悼」を中断して「組織化して闘おう」

というエイズ活動家たちが現れた。恋人たちの死を前にして心の中で涙を流すのではなく、不当な現実と正面から向き合って闘おうというのだ。あたかも哀悼が終わると不当な現実に言葉なく回帰していくフロイト的経路を懸念したかのように、だ。

記念碑的な運動が起きたのはまさにこのさ中においてであった。それは哀悼を差し控えて現実に復帰するというのでも、また哀悼に反対して闘うというのでもなく、まさに哀悼の渦中において闘いを見いだすというものだ。ヴォイナロヴィッチは仲間の葬儀会場から走り出て自分たちの死を無視する（またその分だけ自分たちの生を無視する）ホワイトハウスの前に亡くなった恋人たちの死体を投げ捨てては金切り声を上げる場面を想像した。だが一九九二年に彼が亡くなった時、このことが実際に起きたのだ。八〇〇〇人にも及ぶ人々が各々に亡くなった友人や家族の灰を持って来てはホワイトハウスの芝生にばら撒いた。これがエイズ運動家たちに良く知られた「政治的葬儀 political funeral」闘争だ。彼らは「なぜか」身体が痛み、「なぜか」怒りがこみ上げ、「なぜか」叫びたくなるその悲しみの感情、哀悼の感情を放棄することはしたくはなかった。言語化も法制化もされず、政治的に代表されることもないその感情の数々を無視するどころか、ほかでもないそこから言葉を超え、法を超え、制度を超え、そして代表を超えた力を発見したのだ。痛みと怒り、もどかしさ。これらすべての感情を組織の理性的言語に変換してしまう代わりに、それらの感情に耳を傾けてそれらを見守りながら、ときにはそれを打ち明けながら、互いに多くの事柄を分かちあい、証言する共同の生を切り開いた。ゲイとレズビアンたちは恋人を看護しその生を見守る自発的共同体を自らつくり出した。

事実、これはわたしがマグダレナ共同体に行ったときにも感じたことであった。彼女たちは痛み、悲しみ、怒り、もどかしさを抱え込んだまま、互いの涙に十分に耳を傾けたまま、地下室の一角に哀悼の空間を設けたまま、新たな生を発明しようと努めた。このような試みこそかけがえなく重要なものだ。わたしたちは愛するものの喪失を認めまいとする哀悼の非現実的執着を病的だと非難する代わりに、そして彼女たちに対して現実へ復帰せよと語る代わりに、その非現実的な執着から立ち現れる想像こそを現実を乗り越える力としてつくり変える必要がある。死んだものが去った現実を生きた屍のように生きていかねばならない少数者たちにとって、現実を越えて想像し、その想像を現実化することこそ真に重要な試みだ。ヴォイナロヴィッチが哀悼の瞬間に思い浮かべた非現実的想像を現実化させる活動家たちを見よ。哀悼とは、そのようにして行うものなのだ。

韓国人ではないと言えない人

アペレスは紀元前四世紀頃に生きたというギリシアの画家だ。現存している作品はないものの、古代復興を試みたルネサンス期の作家たちには重要な参照対象になったという。たとえば一五世紀の画家ボッティチェリは「ヴィーナスの誕生」や「アペレスの誹謗」などを通してアペレスと関係がある逸話、彼の絵が残した痕跡をわたしたちに伝えてくれる。プロトゲネスもまたアペレスと同時代の有名な画家であったという。彼は美しく繊細な輪郭線によって当代最高の画家という名声を得た。

言い伝えによると、アペレスとプロトゲネスの間には伝説的な対決があった。繊細な輪郭線を描くことで有名であったプロトゲネスの名声にアペレスが挑戦したのだ。まず、プロトゲネスが人間の手によってはこれ以上は不可能なほど細く線を描いた。だがアペレスは筆を手に取るとプロトゲネスの線の上にそれを二つに分かつさらに細い線を重ねた。線を分かつ線。後世の人々は線の中心を再び分かったこの伝説的な分割を「アペレスの切断」と呼んだ。

わたしが今からしようとする話は聖書のある一節についてのものだ。事実を言えば、この一節に対するイタリアの哲学者、ジョルジョ・アガンベンの解釈を目にして、何年か前にこの国から追放されたひとりの友人が思い出されてこの文章を書いている。その一節とは、何かを分かつ線を再び分かつことで最初の分割線を作動できなくする、もうひとつの分割線についての話だ。

よく知られているように、聖書で使徒パウロは「霊によるユダヤ人」という表現を使ってユダヤ人を分かつ。パウロは西暦一~五年の間に生まれた。わたしたちが使う月暦がイエスの生涯とともに始まったということを考えるなら、パウロはイエスの同時代人だというわけだ。彼はイエスの使徒であるがイエスに直接出会ったことはない。ただ、イエスの処刑から二、四年が流れた後、ダマスカスに行ったパウロはイエスの復活を確信させる「内面の事件」を体験することでキリスト教に改宗した。自らの内面において起きたことで十分であったために彼はイエスを個人的に知っていた歴史的使徒たちを探してエルサレムにまで赴く必要がなかった。同じ論理から、彼は目に見える諸特徴、制度を支える諸慣習がキリスト教徒に改宗するにあたって決定的なものではないということをも悟った。自らはユダヤ人であったにもかかわらずキリスト教を非ユダヤ人、つまり割礼を受けていないものたちにまで伝えることができたのもそのときの悟りのおかげであっただろう。

パウロはキリスト教をユダヤ人という特定の民族の伝統と律法から解放するという点において決定的な役割を果たした。それを示す象徴的な文句が「霊によるユダヤ人」だ。「ユダヤ人として生まれたからといって真のユダヤ人ではなく、肉体の割礼を受けたからといって真の割礼ではありません。むしろ、心に真の変化を経た人間こそ真のユダヤ人であり、記録された律法ではない精霊による心の割礼が真正の割礼なのです」(ローマの信徒への手紙二章二八〜二九節)。

先に語ったように、この一節はユダヤ人と異邦人とを分かつことなしにあらゆる者に福音を伝える普遍主義の宣言として受け取られるようになる。そこには信仰さえ持つならば身体的特徴とは関係なくみなが選ばれし民族、すなわちユダヤ人になることができるという普遍的な平等思想が溶け込んでいる。これについてジョルジョ・アガンベンは独特な解釈を施した。『残りの時』という本で彼はこの一節がある分割にもかかわらず残さずにはいないある残余についてのものだと語る(10)。これはどういうことなのだろうか？

パウロの言葉からわたしたちはすっきりとは整理されえない存在を発見することになる。まず、「割礼」に象徴される肉体的特徴によってわたしたちは「ユダヤ人」と「非ユダヤ人」を分けることができる。ここにパウロは「霊」によって「ユダヤ人である人」と「ユダヤ人ではない人」という新たな区別を加えた。伝説的画家のプロトゲネスが引いた分割線に再び線を引いたアペレスのように、だ。パウロの言葉からわたしたちは、「ユダヤ人ではないからといってユダヤ人ではないと言うことはできない」という奇妙な文章をひとつ汲み上げることができる。

「ユダヤ人ではないのにユダヤ人ではないと言えない人」というこの奇妙なカテゴリー、この頭が痛くなるカテゴリーが意味するものとはいったい何であろうか？ アガンベンはパウロが分割線上に引いた分割線のために、ユダヤ人も非ユダヤ人も自分自身と一致しなくなったと語る(11)。わたしたちを「わたしたち」

として規定する瞬間、わたしたちの中にわたしたちではないものもまた残っているに違いないからだ。「ユダヤ人ではないがユダヤ人ではないと言うことのできない人」。わたしたちはなぜこの頭の痛い残余物を考えねばならないのか？　アガンベン式に言えばこの残余物、この布の切れ端には律法全体を停止させるかもしれない力が凝縮しているためだ。ひょっとするとそれは、わたしたちの生の全体を再考させることを可能にする巨大な資源であるかもしれないのだ。

法とは概して日常の生を区別し分割するものだ。パウロは元来パリサイ派であった。「パリサイ Pharisee」という言葉はヘブライ語の「パルセ parush」をギリシャ語に翻訳したものであり、元の意味は「分離される」、「区分される」だ。生の諸法則を細かに分け、自らを大衆から区分した者たちがパリサイ派にほかならない。パウロはこのパリサイ派であったがイエスの弟子として改宗した。もしかすると、彼はパリサイ派が引いた分割の線をイエスが再び分割することによって、最初の分割線、すなわち律法をこれ以上作動することができなくさせたと感じたのではなかっただろうか？

アペレスの切断はネパールに追放されて去ってしまった友人、ミヌーを思い起こさせる。彼は韓国で一七年以上に渡って生活し、「ストップ・クラック・ダウン・バンド」でボーカルとしても盛んに活動していた歌手であり、移住労働者放送局の代表を歴任した人でもある。いつか彼はわたしに韓国人の彼女がいるのだが結婚をためらっていると語った。結婚をすれば「未登録移住者」という不安な身分から抜け出すことができるというのになぜ迷っているのかと問うと、まさにそれが理由だと彼は言った。彼は韓国という国で韓国人ではない人間として生きていきたいのだと語った。

わたしたちからすると、ただちには理解することが難しい言葉だ。近代国民国家体制が完成するにつれて、とりわけ二〇世紀に入って地上のあらゆる人間は特定の国家に所属することを強いられた。したがって一時的訪問ないし許可を受けた滞留を除くなら、自国の市民権がない人はその国に「帰化」したり異なる国に「送還」されねばならない。人間の国家における所属を当然なものとして前提するためだ。その前提を拒否したりそこから抜け出した人間は映画「ターミナル」の主人公のように、空港に象徴される治外法権地帯、文字通り領土の外（領土は地理的概念ではなく法的概念だ）においてさまよわねばならない。ある国際機構の統計を見ると、現在数億にのぼる人々が特定の国家に登録されないまま、その国の書類に登載されないままでさまよい続けている。

わたしたちの友人、ミヌーはネパールに送還されるのを拒否してなお韓国への帰化をも拒否した。韓国に住む非韓国人。それが彼の願いであった。わずか一、二世紀前に創立されたに過ぎないにもかかわらず非常に当然のものとして受け入れられている、さらにはその秩序の創立とともに数多くの放浪者たちを生み出した近代世界秩序。わたしたちの律法においては非常に明らかなこの前提に彼は挑戦した。ある人はこのことを話にもならないとして片付けるだろう。だがわたしは、「韓国人ではないながらも韓国人ではないと言うことのできない人」が持つ意味がいったいどんなものなのか、どうか一度くらいは考えてくれればと思う。

きみは愛国市民を望むのか？　わたしは野蛮人を待つ

マイケル・サンデルの『これからの「正義」の話をしよう』がミリオン・セラーになってひとつの「社

会的現象」として評価された二〇一〇年下半期、わたしはかなり当惑した記憶がある(12)。わたしに正義とは何かと問う人がいるなら、わたしはそれがこの本の反対側にあると答えるだろうからだ。ひとまず一編の詩を紹介した後で、本に対するわたしの読後感を書いてみよう。

「野蛮人を待つ」
コンスタンディノス・カヴァフィス

「市場に集まり、何を待つのか?」

「今日、野蛮人が来る」

「元老院はなぜ何もしないのか?
なぜ、元老たちは法律も作らずに座っているのか?」

「今日、野蛮人が来るからだ
今、法案を通過させて何になる?
来た野蛮人が法を作るさ」

「なぜ、皇帝がたいそう早起きされ、
市の正門に玉座すえられ、
王冠かぶられ、正装・正座しておられるのか？」
「今日、野蛮人が来るからだ。
皇帝は首領をお迎えなさる。
首領に授ける羊皮紙も用意なすった。
授与する称号名号、山ほどお書きなすった。」
「なぜわが両執政官、行政監察官らが
今日、刺繍した緋色の長衣《トーガ》で来たのか？
なぜ紫水晶をちりばめた腕輪なんぞを着け、輝く緑玉《エメラルド》の指輪をはめ、
見事な金銀細工の杖を握っているのか？」
「今日、野蛮人が来るからだ。
連中はそういう品に目がくらむんだ」
「どうしていつものえらい演説家が来ないのか？

来て演説していうべきことをいわないのか?」

「今日、野蛮人が来るからだ。
奴等は雄弁、演説、お嫌いなんだ」

「あっ、この騒ぎ。突然おっぱじまった。なにごと?
ひどい混乱(みんなの顔が何ともうっとうしくなった)。
通りも辻も人がさっとひいて行く。
なぜ、みな考え込んで家に戻るんだ?」

「夜になった。野蛮人はまだ来ない。
兵士が何人か前線から戻った。
野蛮人はもういないとさ」

「さあ、野蛮人抜きでわしらはどうなる?
連中はせっかく解決策だったのに」(13)

ジョン・クッツェーが小説の題名に引用することで膾炙したカヴァフィス（一八六三〜一九三三）の詩だ。わたしはその一部を陳恩英《ジン・ウンヨン》詩人の文章ではじめて触れることになったのだが、『コミューン主義宣言』で彼女が引用したこの詩を読んだとき、非常に強い衝撃を受けた(14)。一般的解釈によれば、「この詩は野蛮人のような他者をつくり出すことによってのみ存続することのできたローマ帝国の論理を風刺している」。北韓をひとつの解決策として利用した南韓の反共独裁者たちのように、他者を作り出すことによって自己同一性を生産する体制に対する批判というわけだ〔「北韓」は北朝鮮人民共和国の韓国での一般的呼称であり、「南韓」は「北韓」に対しての韓国、すなわち大韓民国を指し示す呼称〕。しかしわたしにとっては、陳恩英詩人もそうであったように、「野蛮人がある種の解決策であった」という言葉がそれほど悪く聞こえはしなかった。

まさにその通り、野蛮人こそが解決策ではないのか！　同一者の他者、帝国の異なる顔であるそのような野蛮人ではなく、同一者の限界として、帝国の不可能性としての野蛮人だ。だれなのか、いつ来たのか、なぜ来たのか、その何についてもまるっきりわからないのだが、稲妻のようにある瞬間真っ黒な姿で現れた野蛮人たち。帝国は万里の長城を築いたが、早くも垣根を越える態勢を整えている野蛮人たち、いやすでに城の中に入り込んでいる野蛮人たち。彼らの到来は法と権力の停止であり学者と演説家の沈黙だ。

法と言葉が止まる時間、法（あるいは文法）の外部地帯に立つようになる時間。わたしはカヴァフィスの野蛮人たちをベンヤミンのメシアのように感じた。わたしたちの隣人ではない彼らの到来、見知らぬ野蛮性、見慣れない新たな生の浸入、純然たる無理強いかつ非常識、無条件である要求が国境を越えてやって来る。正義とはそうして国境を越えてやって来るのだ。国境を越えて訪れて来るものが正義だ。だから再び彼らがやって来ることがないならば、国境の内側にいる人々には常識と通念、習俗があるだけで正義は存在しない。

マイケル・サンデル。現在活動中であるアメリカの政治哲学者の中でこれだけの名声を得た者も珍しい。だがわたしにとっては非常に久しぶりに耳にすることになった名前だ。十年余り前、大学院最後の学期であったろう。足りない単位を埋めようとハイエナのようにあちこちの授業に顔を出していたのだが、折よく入り込んだ政治学科の「現代政治哲学」の授業でサンデルの名前を聞いたのだ。授業の主題は「自由主義者 liberals と共同体主義者 communitarians の論争」であり、サンデルは共同体主義者の重要な論客であった。

実のところ、アメリカの政治的文脈を考慮しなければ各陣営の立場を理解するのは容易ではない。自由主義者の代表的論客としてはたいていロールズが挙げられるが、個人の自由に関する信念と福祉国家に対する支持をともに明示する彼は、政府による干渉の極端な排除と私的所有の絶対的肯定とを主張するノジックのような者の自由主義とは距離がある。

共同体主義についても同様だ。「共同体」に重要性を付与するからといって彼らが韓国で共同体運動をする人々と同じだと考えてはならない。部分的に通じる面もあるが、アメリカの共同体主義者の相当数は「共和主義者」であり共和党支持者だ。もちろん共和主義者も千差万別だ。共和主義者の中には国家が道徳的・宗教的リーダーシップを形成せねばならないと注文する人々（イラク戦争をほとんど宗教的聖戦と考える人々もいる）から政治的焦点を国家ではなく小さな地域共同体に移さねばならないと主張する人々まで非常に多様だ。

とにかくアメリカ社会で自由主義や共同体主義という言葉が持つ意味はわたしたちの通念と大きく異なることがしばしばだ。だから彼らの論争を韓国式の進歩対保守の構図によって単純化してはならない。むしろこのように理解するほうが良いだろう。彼らはみなアメリカの市場経済を愛し、アメリカ式個人主義、アメリカ式価値を支持する。共同体主義者であるサンデルが言うように、非常に大きな枠組みから見るならば「自由主義」は前提されている。ただ、どのような仕方であれば自分たちがつくり見守ってきたアメリカの自由主義がよりうまく保存されより強化されうるかについての考えが違うだけだ。

おそらく論争の始発点として着目することができるのがロールズの『正義論』だ(15)。この本の出版年度を見てみよう。いわゆる六八年革命によって西欧社会が沸き立ち、とりわけアメリカが反戦デモによってひどい混乱状態に陥った時期である一九七〇年だ。多様な諸価値が乱打戦を開始して社会の価値体系が崩壊するように見えたまさにそのとき、『正義論』は出版された。この本は危機に陥った自由主義社会の基本価値をあらためて確認しようとする熱望を表現している。この点でロールズの自由主義は宗教戦争以降に起きた西欧自由主義のひとつの伝統、たとえばロック式の「寛容論」を継承している。彼は宗教的・道徳的価値判断が公的領域に乱入したとき、社会の「目的 telos」についての論争が政治領域に入り込むとき、どれだけ恐ろしいことが起きるのかについて考察する。

一言で言って、相当数の自由主義者たちにとっては「価値戦争」に対する恐れが存在した。彼らは価値の領域、すなわち互いに通訳不可能な(尺度が異なる、incommensurable)差異の問題は私的自由の領域に留めておかねばならないと主張する。宗教、道徳、文化、ジェンダー、セクシュアリティ、人種などは個人が選択する問題であり、これを公的な場に持ち出してはならない。国家がここに介入しようとすれば価値戦争が不可避であるからしてこれは社会を危機に陥れずにはいないというわけだ。後にロールズが『政治的自由主義』で取った立場によれば、わたしたちは社会構成員の「重層的合意 overlapping consensus」が大きな領域、つまり構成員の大多数が合意した諸事項のみを公的かつ政治的な議題として見なさねばならない(16)。

ロールズを批判する共同体主義者たちは一九八〇年代に本格的に浮上し始める。彼らはロールズの消極的な態度が気に食わなかったようだ。共同体主義者たちによれば、政治とは本来騒々しい領域であり、共同体は自らが志向する価値をその成員に積極的に知らせねばならない。たとえばバーバーは自由主義者たちについて「自分の主張がなぜ正しいのかも語ることのできない者たち」だと皮肉った。韓国にいち早く翻訳された彼の代表作、『強い民主主義』という題目を見ればそのことを推し量ることができるだろう(17)。

一九八〇年代におけるレーガン政権の開始と共同体主義者たちの登場がかみ合うのは偶然ではない。労働運動はもちろん堕胎や同性愛運動に対してまで保守主義の反撃が開始したこと、脱冷戦時代におけるアメリカ的価値が全世界に攻撃的に標榜されたこと、さらに福祉を「ばらまき」だと批判するのと同時に市民性を育成するという名目でウェルフェアがワークフェアに変えられたこと――これらが起きたのはすべて、まさにこの時期においてだった。

共同体主義者にとっては価値戦争に対する恐れというものは存在しないように見える。むしろ彼らは、個人が消費者としてあれこれの物品を選ぶかのように価値を設定することを共同体瓦解の徴候を示す病理的現象と見なす。自分たちの自由がどこに基盤を置いているのか、それがどのようにしてつくられたものでありどのように継承されねばならないのかについて、共同体主義者は強力な教育的(あるいは医学的)

熱望を感じる。一九八二年『リベラリズムと正義の限界』を発表して華やかに登場したサンデルもまさにそのような人物の内のひとりである(18)。

サンデルの『これからの「正義」の話をしよう』について原稿の依頼を受けたことがある。そのときわたしはどうも気が向かなかった。愉快ではなかったこの論争構図そのものに別に巻き込まれたくはなかったためだ。率直に言えば、初めにサンデルという名前があちこちで聞こえ始めた頃を考えても、その「サンデル」がわたしが知っている「サンデル」であるとは思いつきもしなかった。重要であるといえば重要な人物ではあるが、彼の本が韓国社会で何週間にもわたってベストセラーになり一〇〇万部が売れることになるだろうとは一度も想像したことがなかったためだ。知人と話をしていて「わたしが知っているサンデルというのはマイケル・サンデルのことなんだけなんだけど」と言いかけたとき、「そう、まさにそのマイケル・サンデルなんだ」と言った知人の言葉を聞いて少なからず面食らった。

なぜいきなりサンデルなのか? 遅ればせて状況を把握することになったわたしはその異常なまでの熱風をこのように整理した。まず「ハーバード大学最高の名講義」という出版社の広告用文句が文字通りに呑み込まれた。ソウル大ですら非常に驚かれる社会で「ハーバード大」に対する羨望は言うまでもない。そこではいったいどんな講義をするのか? 世界最高の秀才に最高の評価を受ける教授の講義だというんだから……。二つ目、朝鮮日報からプレシアン〔協同組合によって運営されることで知られるインターネット・メディア〕、柳時敏《ユ・シミン》〔韓国のジャーナリストおよび政治家〕、魯会燦《ノ・フェチャン》〔韓国の政治家〕にいたる読書勧奨リレーがあった。読書人口の相当数はおそらく彼らの広報対象の中に入っていたことだろう。三つ目、「正義」とは縁がないと思われていた大統領府が「公正社会」を主唱するという奇跡が起こってしまった。四つ目、本を見てみるとその構成が完全に論述教材だ。本の主題がみな試験問題の感があり叙述内容は完全に模範答案だ。興味深くも右派新聞である朝鮮日報は「サンデルは……右派の立場なのだが我々の国では左派的に誤読されている」という指摘をした。ある専門家の口を借りて「現実的に妥当な理論的代案を持ち得ない左派たちが本の題名に頼ることで自分たちの不満を表出しているようだ」と診断までした。本当に、なぜこうなってしまうのだろうか？　なぜ朝鮮日報のみならずその反対者たちまでサンデルを好きになるのだろうか？

サンデルにはあきらかに脈略がある。とりわけ自由主義の限界を指摘するときの彼の論理は韓国の進歩陣営にとって相当魅力的なものだ。たとえば寄与入学制〔大学へ物質的、非物質的に寄与したとされる者の子弟が入学できるよう特例を認めるための制度〕に対する立場を見てみよう。ひとまず彼は大学の少数者優待政策が正義に外れはしないと語る。地方出身であったり少数派人種という点が大学が志向する価値と大学の学問発展に寄与すると判断したなら、大学が彼らを選抜することは大学の自律的選択に委ねられるということだ(19)。そうであるなら寄与入学制も同様に考えることができるだろうか？　大学には固有な使命がありその使命のためであれば「金」がかかるため、寄与入学した学生が大学全体の利益に寄与すると言えるのではないか？　そして大学は自律的にそのような学生を選び抜くことができるのではないか？　だがサンデルは大学の少数集団優待策はだれかを偏見のために拒否したのではなく大学自身の使命によって選抜したので公正だと語りながら、寄与入学は支援者の問題ではなく大学自身の清廉性〔大学は研究と教育をおこなう場であって収益を上げるための場所ではない〕にかかわる問題であるとして批判的視角をあらわにする(20)。

過去史問題と関連してもサンデルは韓国の進歩主義者たちが好きなだけはある。彼は日本軍の「性奴隷」

問題を直接取り上げて論じつつ、謝罪するすべを知らない日本政府を叱咤する。のみならず、過去世代が犯したことについてはそれに関与しなかった現世代が謝罪する必要はないという仕方の日本人たちの思考方式は、「自分の責任は自分が引き受けたことに限定される」という自由主義的道徳観に過ぎないと批判する[21]。サンデルによれば、わたしたちには独立的な個人の判断や合意に還元することができない道徳的義務がある。わたしたちはいつもどこにか所属しており（家族、都市、国家など）、そこで現れる多様な負債、遺産、期待と義務を引き継いでいる。彼はマッキンタイアの口を借りて、「自分の生の物語は自分のアイデンティティの源である共同体の物語に埋め込まれている」と語る[22]。共同体主義者たちの立場によれば、「わたし」はいつも何らかの共同体に属しておりその遺産と期待を分かち持っている。したがってわたしたちは過去史を無視することはできず、またその責任から抜け出すこともできない。

朝鮮日報は気づくことができなかったかもしれないが、『これからの「正義」の話をしよう』のところどころに韓国の「左派」たちが発見せざるを得ない魅力的なポイントが散りばめられている。しかし、自由主義批判からもう一歩進んだ瞬間、サンデルはかなり恐ろしい存在になる。つまり、自由主義の限界を指摘するところから共同体主義を力説するほうへと進む瞬間だ。価値問題に対する国家の中立的態度を批判するサンデルは、国家が市民の生により介入せねばならないと語るのだ。

彼の概念のなかには「形成的プロジェクト formative project」というものがある[23]。一種の健全な市民養成プロジェクトだ。非常に昔に読んだものなので記憶があやふやなのだが、この概念と関連したある事例が思い出される。それは、生計が困難な人々に福祉手当を無条件に提供してはならず、実際には何の意味もない仕事でもひとまずは仕事をさせた後で手当を与えねばならないというものであった。今日は地面を掘り、明日はその土を埋めるというのがその仕事のすべてであるとしてもだ。なぜならそれこそがまさに健全な労働倫理を植え付けてくれるものであり、この社会に自分も参与しているという感覚、まさしく共同体の一員としての市民意識を植え付けてくれるからだ。このような仕方で国家は共同体にふさわしいアイデンティティと優れた人格を育て上げねばならない。わたしはこの話を読んだとき、サンデルが本当に恐ろしい人間だという考えが湧いた。サンデルに対して非常に婉曲的にこのような批判が提起されたとき、彼はある程度の危険は甘受しなければならないと語った。自由主義者たちのように「回避」するよりはマシである、と。

サンデルの共同体主義にはどんな危険があるのだろうか。『これからの「正義」の話をしよう』の議論を追って見よう(24)。たとえば、水に二人の人が落ちたとする。一人は家族であり、もう一人は知らない人だ。与件上ただ一人だけを助けることができるとするなら、あなたはどちらの人を助けるのか？　サンデルが言うように、家族を助けるからといってそれが正義に合致しないと言う人はいないだろう。家族だけは連帯と所属の義務がある。自分の母、自分の子供を配慮するということはわたしたちが特定の共同体に属していることを示してくれる。共同体の成員たちは互いに「忠誠」の義務を持つ。わたしたちは報償とは関係なしに家族共同体の成員の面倒を見る義務を持つのだ。

だがサンデルは議論をさらに少し拡張する。同胞ならばどうだろうか？　家族とその他の人に対しての忠誠の義務が異なるものであったように、同胞と他の国の人々を同じように接することはできないのではないのか？　わたしたちに親しみのある者たち、わたしたちの共同体に属する者たちをまず配慮するということ、同じ共同体成員の面倒を見なければならないという連帯義務において、彼は愛国心を正義と同義語にすることを可能にする基礎を発見する。こうして、はじめは家族を助けるところから開始したものが、次には祖国と民族、自国企業の製品に対する愛へと進んでいくのだ。

　サンデルはもちろん連帯の義務が「我々に属する人に対してのみ責任をとること」ではないと語る。ベトナム戦争の反戦運動を例に取って見よう。サンデルは自らの共同体に対する愛がその共同体が犯した誤ちに対して感じる羞恥心と通じるということを見せようとする。自分たちが起こした戦争に羞恥心を感じた反戦運動もまた、アメリカ人たちが自負心を持っても良い共同体の遺産であるのだ[25]。

　わたしは、あらゆる民族と人種が集まったアメリカ社会において民族主義あるいは国民主義を可能にするためのひとつの議論をサンデルが提示したのだと思う。サンデルをはじめとする多くの共同体主義者が「物語 narrative」を重視し、父たちに自らとその祖父たちの話を息子たちに聞かせてやらねばならないと語る。彼らがどれほどこの自由を手に入れるために努力をし、そのためにどのような犠牲を払ったのかを。そしてそれが教育にも反映されねばならないと考える。だが、これは韓国で歴史教科書を改訂しようとする傾向と奇妙にも通じるものではないだろうか？　国家としては非常に若いアメリカが、そして多民族と多人種によって構成されたアメリカが、いかにして「市民ナショナリズム civic nationalism」ないしは「国民主義」を擁しうるのかをサンデルは非常によく見せてくれる。

　率直に言って、自らの大切な経験を子供に聞かせてくれる祖父と、「おいお前、アカ〔原文では「パルゲンイ빨갱이」で共産主義者を指す〕を知ってるか？」と息を詰まらせて語る祖父を理論的に区分するのは難しい。ある祖父は子供が人生の狭い境界に閉じ込められてしまわないようにと耳慣れない物語を語り聞か

せてくれるが、またある祖父は子供の人生を自らの経験の内に閉じ込めようとする。正義はどちらにあるのか？　わたしたちが経験したこと、その限界を乗り越えようとするときに正義が問題として浮かび上がるのか、そうでなければわたしたちにとって親しみあるもののなかに留まるとき、それが正義なのか？連帯の義務とはわたしたちにとって馴染み深いもの、わたしたちが所有するものを徹底して守る義務なのか、そうでなければそれは、わたしたちにとって見慣れないもの、わたしたちにとって目新しいものと出会うときにこそむしろ要求されるものなのか？

サンデルの「正義観」を圧縮して見せてくれる奇怪な場面がひとつある。不法移民を監視する民間の国境巡察隊の愛国心についてのものだ(25)。不法移民に頭を悩ませるテキサス州の保安官が国境監視にインターネットを活用する方法を開発した。国境の随所に監視カメラを設置しその映像をリアルタイムでインターネットに中継するのだ。そうすれば国境監視を手伝いたい市民がインターネットに接続して「保安官代理」として活躍することができる。国境を越える人々を見ると彼はただちに保安官の事務室に申告し、保安官が実際に現場出動して移民者を連行する。サンデルは「どんな保証もないまま長いあいだ静かに座っていなければならない退屈な仕事」を遂行する愛国心の源泉を問うては、また異なる共同体主義者であるウォルツァーの口を借りて、それが「生と歴史を共有する」共同体を守ろうとする正義の行動であることをほのめかす。だれに対しても入国を許可するなら、「互いに特別に献身して共同の生を築いていく」「徳性ある共同体」が存続することはできない。だから、移民者たちを監視することは正義なのだ。

わたしは国民を保安官として活躍させるこの「徳性ある共同体」が恐ろしい。ここからもう一歩進むならきっと、「瞬間の放心が国を崩壊させる」とスパイ、容共分子〔共産主義思想を容認する主張や行動を行う者）、左翼師範（左翼に関連した思想、すなわちアナキズム、社会主義、共産主義などに従い、伝播する国家転覆勢力。軍事独裁政権下で思想の自由を抑圧する結果として生まれた言葉であるという批判がされている）がいないかどうか周りをよく監視しろと語る国情院（国家情報院。国家安全保障に係わる情報、保安などに関する事務を担当するために大統領直属で設置された情報機関）の標語が出てくるだろう。全斗煥《チョン・ドゥファン》式の「正義社会具現」もここからさほど遠くないように見える。最もグローバルな行事だというG20を執り行いながら政府は移住者のなかにテロリストがいるかもしれないとやたらめったら取り締まり、外国人に対してよく見えねばならないと露天商を追い出し、あちこちで「基礎秩序」を確立することを主張した。これがいったい徳であり正義であると言えるのか？

　共同体成員たちが共有する健全な市民性とはおおよそ、その社会において行き渡った常識や通念およびその社会を支配する意志に過ぎず、そのような健全な価値観を備えた市民を育成するというのは大方、支配秩序を再生産しようとする意志の表現以外の何ものでもない。現時点における自分のものを守り、またわたしたちのものを守ることが現実でありまた不可避なときがあるとしよう。しかしながらそれを正義であるとまで呼ぶのはあまりにも破廉恥なことではないだろうか。

　共同体主義者たちは「ヴァーチュー virtus」、すなわち徳を育てねばならないと語る。彼らは状況の偶然性のうちに委ねられた自由主義者たちの生を非難する。しかし、徳を育てねばならないだと？　いったい、そもそも徳とは何なのか？　ニーチェの口を借りてみるなら、真正なる力、ヴァーチューとは自らに迫り来る「運命 fortuna」、その偶発性に快く自分自身を開くことであり、それを喜んで扱おうとする力と意志だ(26)。ヴァーチューとは統制することのできない運命との争いではなく、その運命に対する愛だ。それは馴染み深いものに対する愛ではなく、見慣れないもの、わたしに運命のように姿を現した他者に対する愛だ。偶発的にやって来る他者に耳を傾け、自らを進んで開放しようとする意志と力のうちにおいてこそ、共同体は徳と正義を帯びたものになる。

汝の隣人を愛するな！　それが「わたしたち」が「わたしたち」に閉じ込められないことを望む正義の声だ。おのれの隣人ではないものたちと連帯し、彼らと愛を分かて。それこそわたしたちをより強くしてくれる正義の要求だ。したがって、正義とは国境の中には存在しない。それは国境の外から、野蛮人たちのほうからやってくる。それは一言で言って、リオグランデ川を渡る移民労働者たちからやってくる。その不法移民者たちと交渉することなしには、その野蛮人たちと交渉することなしには、決して正義はありえない。正義はわたしたちが自分がいるところからもう一歩踏み出そうとする勇気を見せるとき、はじめてわたしたちに言葉を投げかけるからだ。

歴史に向かって撃たれた銃弾

二〇一二年五月一七日、光州トラウマセンターで光州市民を対象にした精神健康現況が発表された。これは直接的な傷害や拷問の被害者ではない一般市民を対象にしてなされた調査なのだが、実に四三パーセントが「五・一八〔※二〕を考えると怒り、悲しみ、罪の意識など非常に強い感情を感じる」と答えた。五月になると不安になり、息苦しくなるいわゆる「五月症候群」だ。だが考えてみると、わたしにもそのような症状が起こる。五月一八日が近づくと関連記事を懸命に探して読むようになる。大部分の記事にとりたてて新しい内容はないのにもかかわらず、目には熱がのぼり胸は急《せ》き手は冷たくなる。

一九八〇年五月、わたしは光州市内からバスで四〇分ほど離れた場所に住んでいた。わたしの町に戒厳軍が押し寄せて来たわけでもなく、わたしは当時小学校三年という幼年だったために状況をうまく理解することもできなかった。ただ、光州で高校に通う兄と全南大学に通っていた従兄弟を心配する話を両親から聞いていたようだ。また他の人からは軍人が人々を殺すという話も聞いたのだが、幼いわたしはその軍人が北韓から降《くだ》ってきた人々だったという奇妙なストーリーを頭の中ででっち上げた。最近問題になっている「北韓特殊部隊」〔朝鮮人民軍特殊部隊〕の話ではない。ただ単に、戒厳軍がこの国の軍隊であろうとはその当時考えつくこともできなかったためだ。

二年が過ぎて光州市内のある学校に転校したのだが、五月下旬の風景はなかなか忘れることができない。五月初め、こどもの日のあたりから思いきり火照《ほて》ってくる子供たちの雰囲気は一八日を起点にして急に落ち着いた。小学校五、六年、何かを知ったと言えるような年ではないのにもかかわらず、わたしはそのときに目にした友人たちの表情をどうしても忘れることができない。時折、武勇談のように恐ろしい目撃談を聞かせてくれる友人がいたのだが、総じてみなが知っている「奇異な」沈黙を維持した。わたしは小学生の頃から全斗煥《チョン・ドゥファン》、盧泰愚《ノ・テウ》はもちろん、鄭鎬溶《ヂョン・ホヨン》、朴俊炳《パク・ジュンビョン》〔韓国の政治家。前二者は歴代大統領〕などの名を忘れたことがない。だれが教えてくれたのかわからないが、小学生であったわたしたちはすでにその名の数々を覚えていた。彼らは「光州の敵」であった。

強度と様相が異なりこそすれ、そのとき友人たちが浮かべた表情の変奏をわたしは光州で何度となく目にしたものだ。五月下旬になると、ある意図しない沈黙と怒りが街を包んだ。光州と関連して多くの人々が「外傷後ストレス障害」をいまだに患っているということは、少なくともわたしの経験に関する限り間違いのない事実に思われる。

「外傷」とは、ある事件に起因する強力な刺激によって精神的な防御膜が破れ、自我がどんな仲介的役割も遂行できなくなる場合を言う。だが、「外傷」が招来する苦痛とその治癒方法をめぐる困難はさて置き、「外傷」という事態そのものについてのみ考えてみるなら、それはわたしたちが普段知ることのできなかったある「真実」をのぞき見せてくれる窓になる。「真実」という言葉を使うことすらはばかられもする。おおよそ「真実」とは、わたしたちの認識と判断が根拠を置く象徴的秩序の効果に過ぎないためだ。けれども外傷は、まさにこの象徴的秩序が外部からの衝撃によって壊されてしまうことなのだ。

もし個人的身体ではなく社会的身体の水準でわたしたちが「外傷」を語ることができるなら、それは「法の裂け目」のようなものではないだろうか。「五・一八」がそうだ。「五・一八」は法が裂けることによって生まれた時空間において起きた事件だ。「五・一八」が八〇年代以降の韓国民主主義を基礎づける事件であると言えるなら、わたしの考えではその意義は民主化以降に生じた各種の法制度および機構にあるのではなく、その例外的時空間において「どんなことが起こったのか」にある。

最近、「五・一八」とそれに関連した歴史歪曲論争とに関連して、遺族たちの傷をほじくり返しながら彼らが苦しむ姿を楽しむ「イルベ〔日刊ベストストアの略称。右翼・保守的傾向を持ったネット掲示板サイト〕」のむごい快楽を多くの人々が批判した。彼らは「イルベ」たちが国家の公式的解釈が終わった歴史的事件について根拠のない文句をつけることを問題にした。だが、わたしは少し異なる次元から「国家の公式的解釈」という言葉に違和感を感じる。「五・一八」に対する歴史的歪曲論争を見守っていたわたしは自らにこのような問いを投げかけてみた。イルベはさて置き、果たしてわたしはなぜ国家の公式的解釈が終わった事件について今なお胸が騒ぎ手が冷たくなるのか？「五・一八」からすでに三〇年以上もの時間が過ぎたというのに、なぜわたしは未だに楽に眠りにつくことができないでいるのか？　なぜそれはまだわたしの心にわだかまっているのか？　民主化運動に対する認定と補償がなされ、国家記念式までもが毎年開かれているというのに、「五・一八」に対してなぜ未だに安穏な感じがしないのか？

わたしは、まだわたしたちが「五・一八」を堪えることができないでいるためだと思う。「五・一八」はそれが公式に讃えられるときにおいてすらわたしたちを超越する事件だ。作意を少しつけ加えて言い換えるなら、わたしにとって「五・一八の国家記念式」とは堪え難い事件を公式的解釈のもとに包み隠す儀礼のように見える。突き詰めて考えるなら、一九八〇年以降の韓国民主化の歴史は「五・一八」に達していない。韓国民主化運動はそれによって「五・一八」に近づいた運動というより、「五・一八」の影響のもとでつくり上げられた運動であり、そうして生まれた民主主義の法制度および機構とは、「五・一八」を完成させたと言うよりは「五・一八」の意味をそれによって限定してしまう役割を果たした。「五・一八」のおかげで「六月抗争」があり、そのおかげで現在の民主主義がつくられたというのは完全に間違った言葉ではないが、だからといって「五・一八」の意味が現在の体制にあると語ることはできない。

事実、ひとつの政体（憲政体）としての民主主義は政体中断（憲政中断）としての民主主義にはけっして及ばない。民主主義とは本来特定の政体の名前ではなく人々の力（デモスの力）を指す。その力とは特定の政体がまともに作動できないときはいつでもその中断を引き出し、それがどんな政体であれいつも意識するほかない潜在的な力だ。だから王制といえども百姓の目を気にするほかない限りにおいて民主主義の要素があるのであり、たとえ民主制といえども問題があるときには民主化運動の対象になるのだ（これについての詳細な議論は『民主主義とは何か』を参照せよ(28)）。ある政体が自らを民主主義と呼び、ある党が自らを民主党と呼んでいるとしても、さらに根本的な次元においてはそれらすべてが民主主義の要求を受け、また民主化運動の対象になりうる。

だから特定の歴史的政体としての「民主主義」もまた、「民主主義」という名を持つまた異なる変化と変革の要求を受ける。わたしは「五・一八」には後者の側面が強いと思う。「五・一八」を韓国民主主義と関連させるなら、それは特定の政体（憲政）としての民主主義というより、政体の中断としての、「非政体」としての民主主義に関わるものだと考える。

もちろん一九七九～八〇年の憲政中断事態は「五・一八」によって誘発されたものではない。緊急措置を乱発した維新体制〔※二〕は事実上憲政が中断された、あるいはそれが無力化した体制であった。維新体制は緊急措置という例外状態が常例と化した体制だといえる。したがって新軍部による非常戒厳令の宣布は維新体制の中断ではなく、むしろその極限的な完成に近い（朴正熙は消えたが「一二・一二」〔全斗煥を中心とする勢力による粛軍クーデター。※一を参照〕は維新体制に対する親衛クーデタの性格を持った）。ヴァルター・ベンヤミンは「例外状態が常例になった状況で実質的例外状態を到来させることこそわたしたちの任務」だと語った(29)。もしその「わたしたち」が「民主主義者」を指し示すなら、「五・一八」は維新と新軍部という「常例になった例外状態」のなかで到来した「実質的な例外状態」であったと言える。

けれども、この「実質的例外状態」としての民主主義を歴史の正常状態、いわゆるわたしたちの時代の法と制度のなかに記入しておくことがどれくらい可能であるか？　銃を持った民主主義者を投票用紙を持った民主主義者によってすっかり覆い尽くすことは果たして可能か（票が弾丸であるといった比喩程度で適当に済ませる考えではないなら）？　「五・一八」の当時、光州では犯罪がほとんど起こることなく人々は秩序をよく守ったと言うのでは十分ではない。銃は不可避な自己防衛であったと語るのでも十分でない。わたしには、このようなあらゆる言葉がどうにかしてわたしたちの民主主義の正常状態、つまり現在の法と制度の中に「五・一八」という「実質的例外状態」を記入するための無理やりの努力のように思われる。そしてその努力の中で市民軍が持った「銃」の意味は縮小されてしまった。戒厳軍の暴力からの自己防衛という消極的論理が新軍部の虐殺に対する大衆の怨恨と復讐、さらには銃によってでなくしては歴史に刻み込み難いある警告を包み隠してしまった。

わたしは銃を手にした市民軍が不法であったと考えはしない。同じ理由から価値秩序を守った共同体も遵法であったと考えはしない。その瞬間、法は一時的にではあれすでに「裂けて」しまっていたためだ。だが法が不在のその空間においてわたしたちは、例外状態でなくしてはめったに出会うことができない、おそろしくもあり美しくもある民主主義の「素顔」を目にした。当時の光州市民がよく理解していたように、「銃を手にした市民」と「食事を運ぶ市民」、「道を掃除する市民」とを区分してはならない。わたしたちが「五・一八」に近づくということが「道を掃除する市民」に対してだけ接近するという意味であっては困る。放送局に火を点けて銃を手に持ち戒厳軍と対峙した市民を歓待することができない限り、「五・一八」はどんな歴史的解釈も拒否したまま発作を起こし続けるだろう。

一九八〇年五月二六日の夜、銃を持って全南道庁に残ることにした彼らはいったい、何を望んだのか？

彼らの銃は何を狙ったのか？　銃を手にした以上生き残ることは難しいということをみなが知る状況においてだ。ベンヤミンをもう一度引用するなら、彼らは一八三〇年七月、ヨーロッパ全域に革命の風を引き起こしたフランスの市民軍がパリの時計塔を狙撃したように、歴史を狙撃してそこに消すことのできない傷跡を残そうとしたのかもしれない(30)。五月二六日の夜、彼らは人々に自分たちを忘れるなと叫んだ。考えてみるなら、彼らが歴史そのものに傷跡を残したためにこそ、あるひとつの超歴史的警告が刻まれえた。だから、五月の民主主義者たちは五月二七日の明け方、鎮圧軍によってずるずると引きずられながら屍となってその姿を現したが、彼らが未来の新軍部に狙いを定めて撃っておいた銃弾は——モーセの石版に神が刻んでおいた超歴史的戒命のように——あらゆる顕在化する限りでの歴史を貫通しながら、依然としてその痕跡を刻み込んでいる。

※一　光州事件、すなわち一九八〇年五月一八日から二七日にかけて全羅南道の道庁所在地、光州で起きた民衆蜂起を指す。当時、韓国では一九七九年一〇月二六日の朴正熙大統領の暗殺によって一八年にわたる軍事独裁政権が幕を下ろし「ソウルの春」と呼ばれる民主化ムードが続いていたが、同年一二月一二日に全斗煥を中心とする勢力によって粛軍クーデターが発生すると民主化を要求する学生のデモは韓国全土に拡大した。一九八〇年五月一七日、全斗煥が全国に戒厳令を布告するのと同時に野党指導者の金泳三や金大中を逮捕すると学生のデモは一層激化し、光州ではこれに一般市民も加わって一時デモ参加者は二〇万人を越えた。最終的に市民軍は武器庫を襲って武装し全羅南道庁を占領するに至るが、五月二七日に戒厳軍によって鎮圧される。

※二　一九七二年一〇月二七日、当時の大韓民国大統領、朴正熙は大統領特別宣言を発表し、これによって国会解

散や政党・政治集会の中止などを決定するとともに憲法もまた強行的に改正した。この事件を十月維新と呼び、これ以降絶えず非常戒厳令の発令をちらつかせながら軍事独裁を敷いた体制を維新体制と呼ぶ。

註

（1）この記事に出てくるジョディ・マッキンタイアーの話とその引用はガーディアン誌によるインタビューとジョディ本人のブログを参考に再構成したものだという。
インタビュー：https://www.theguardian.com/uk/2010/dec/15/jody-mcintyre-protester-dragged-from-wheelchair
ブログ：https://jodymcintyre.wordpress.com/2010/12

（2）金稔万（監督）、『釜の住民票を返せ！　二〇一一』、二〇一一、日本

（3）金稔万監督による当該作品の韓国語題は〝카마가사키　권리　찾기〟であり、直訳すると「釜ヶ崎権利探し」だが、その意味を明確にすると「釜ヶ崎権利闘争」となる。

（4）この裁判の詳細に関しては以下のサイトを参照。
http://irum-kara.jimdo.com/%E3%82%A4%E3%83%AB%E3%83%A0%E3%81%8B%E3%82%89%E8%A3%81%E5%88%A4%E3%81%A8%E3%81%AF/

（5）ハンナ・アーレント、J・コーン／R・H・フェルドマン編、齋藤純一ほか共訳「われら難民」『アイヒマン論争　ユダヤ論集2』、みすず書房、二〇一三、四八頁

（6）同書、四八頁

（7）フロイト、中山元訳「哀悼とメランコリー」『人はなぜ戦争をするのか──エロスとタナトス』、光文社古典新訳文庫、二〇〇八

（8）高祖岩三郎『ニューヨーク烈伝──闘う世界民衆の都市空間』、青土社、二〇〇六

(9) 同書、一八一―一八二頁
(10) ジョルジョ・アガンベン、上村忠男訳『残りの時――パウロ講義』、岩波書店、二〇〇五、八二―八八頁
(11) 同書、八六頁
(12) マイケル・サンデル、鬼澤忍訳『これからの「正義」の話をしよう――いまを生き延びるための哲学』、早川書房、二〇一五
(13) 本文では同詩の邦訳を参照した。カヴァフィス、中井久夫訳『カヴァフィス全詩集』、みすず書房、一九八八
(14) 진은영、〈코뮨주의와 유머〉、이진경・고병권 외、《코뮨주의 선언》、교양인、2008、304―306 쪽
(15) ジョン・ロールズ、川本隆史・福間聡・神島裕子訳『正義論』、紀伊國屋書店、二〇一〇
(16) John Rawls, *Political Liberalism*, Columbia University Press, 1993. 존 롤스 지음、장동진 옮김、《정치적 자유주의》、동명사、1998。未邦訳。
(17) ベンジャミン・バーバー、竹井隆人訳『ストロング・デモクラシー――新時代のための参加政治』、日本経済評論社、二〇〇九。なお韓国語訳の題は本文に反映させたように『強い民主主義』である。
(18) マイケル・サンデル、菊池理夫訳『リベラリズムと正義の限界』、勁草書房、二〇〇九
(19) 前出『これからの「正義」の話をしよう』、二七四―二七五頁
(20) 同書、二八八―二八九頁
(21) 同書、三三五頁
(22) 同書、三五一―三五二頁
(23) 同書、マイケル・J・サンデル、小林正弥・千葉大学人文社会科学研究科公共哲学センター訳『民主政の不満――公共哲学を求めるアメリカ(下)手続き的共和国の憲法』、勁草書房、二〇一一年
(24) 前出『これからの「正義」の話をしよう』、三五四―三五五頁

(25) 同書、三六七―三六九頁
(26) 同書、三六二―三六三頁
(27) この部分は著者によると、ニーチェがところどころで語った内容を念頭においたものだという。たとえば、『ツァラトゥストラ』の第三部「日の出まえに」の以下の部分。「万物の上にかかるのは、偶然の天、天真爛漫の天、無為の天、自由奔放の天である」(前出『ツァラトゥストラ(下)』、四一頁)。あるいは、同じく第三部「小さくする美徳」の第三節、「私はいっさいの偶然を、私の鍋で煮る。その偶然がよく煮えたとき、私の食べ物として賞味する」という部分(同書、五一頁)。
(28) 고병권、《민주주의란 무엇인가》、그린비、2011、37쪽
(29) ヴァルター・ベンヤミン、野村修編訳「歴史の概念について」『ボードレール/他五篇』、岩波文庫、一九九四、三三四頁
(30) 同書、三四二頁

エピローグ

正しい言葉は正しい言葉であるのみだ

世間に言葉は不足していない。ある人はファーストフードのようにすぐに消え去ってしまう言葉の運命を憂うと語るが、わたしたちの生を培うのに必要な良い言葉は、人類の歴史がつとめて生産してきた偉大な人物たちのおかげで未だに精神のリレーを続けている。わたしが案じる言葉の運命とは他のことに関する。言語学者の関心と哲学者の関心がここで分かれるのだろうか。言葉の数と寿命よりもわたしにとって重要だと思われるのは、「言葉たちの彷徨い」だ。一言で、「空転する言葉」の問題だ。

本を読んだり講演を聞いたりするとき、わたしたちはいわゆる「良い文章」、「有難いお言葉」にしばしば接することになる。わたしもまた、人にそんな言葉を送ったことがある。「有難いお言葉、本当に感謝します」。ところが講演や原稿で出会うそんな「有難いお言葉」の数々、時には膝を叩かせ、時には感動してどこかにメモしておきすらしたそんな「有難い言葉」たちはみな、いったいどこへ行ってしまったのだろうか？

わたしの中にしばし留まりもしたようではあるのだが、いまとなってはその行方を知ることはできない。「先生のお言葉」としてわたしの内に入り込んでは「先生のお言葉」として留まったが最後、そもそものはじめにそれが先生のものであったことを確認するかのようにわたしから離れていってしまった言葉たち。人からもらったパンのひとかけらすらすぐに血となり肉となるのに、なぜ「先生」の、その「有難いお言葉」の数々は、瞬間的な爽快感を与えてくれるだけの炭酸飲料のようにただその時だけなのだろうか？

おそらくそれは、わたしたちがそれらのすばらしい言葉の数々を直接、胃腸で消化してみたことがないからであろう。言い換えれば、わたしたちはそれらの言葉たちを真剣に信じはしなかった。ソクラテスや孔子、イエスや釈迦の美しい言葉をただ見物するだけで、それらを本気で体験することはなかった。わたしたちが信じるのはそれら言葉の権威であり言葉そのものではない。もし言葉を信じたのであればわたしたちはすでにそれを行っていただろう。しかしわたしたちは、自分自身が信じることを言葉を実践することによってではなく、その言葉を発した人物に対する崇拝によってあらわにする。すなわちわたしたちが信じることとは言葉そのものではなく、その言葉を発した者たちがわたしたちとは異なる特別な存在だという点にあるのだ。それはまさにこんな仕方だ。「わたしは彼が特別な存在であることを信じます」。

だから、イエスを信じる人やイエスへの信仰を誇示する人は多くても、イエスのように生きる人は珍しい。ニーチェがイエスだけが唯一のキリスト教徒であったと語ったのはそのような意味においてであった。天国はイエスの実践のうちにあるにもかかわらず、人々はそれがイエスに対する信仰にかかっていると錯覚する。もちろんこれはキリスト教だけの問題ではない。すばらしいお言葉なるものを読み聞きしたわたしたち全員の問題だ。わたしたちは無所有精神を喝破した僧侶の本を一〇〇万冊以上も買うが、いざ無所有を実践することはない。わたしたちは良い言葉を博物館や名勝地を観覧するようにただ見物しながら、そのための入場料として本の代金を払うのだ。

それならば、知はいかにしてわたしたちの血となるのか？　知はいつわたしたちの生を救うのか？　フィロソフィー、すなわち哲学は、「知恵に対する愛」というその言葉の原義からわかるように「知を通した生の救済」を確信する学問だ。「悪徳は無知から生じる」と語ったソクラテスから「知ることは力」だと語った啓蒙主義の哲学者たちまでみながそうであり、哲学者たちが相争ったのはただその「知」の内容に対してのみであった。けれども、良い「知」とは自動的にわたしたちの「生」を救うのか？　万一そうであるなら孔子の言葉を現代にねじ込むだけで十分であろう。だがわたしたちみながよく知っているように、実際のところ事はそう上手くはいかない。前にも述べたとおり、「よいお言葉」たちはわたしにしばらく留まってはすぐに消え去ってしまうのだ。いったい、なぜこうなのだろうか？

フロイトの精神分析はわたしたちにヒントを与えてくれる。どうかして見れば彼の精神分析もまた、「知への信頼」という点では哲学の伝統を引き継いでいる。彼は無意識において起きたことを意識することによって、つまり無知の領域を知の領域へと引き上げることによって患者を治癒する。彼が出会う人々は身体的原因を見つけることができないのにもかかわらず視覚障害や四肢麻痺、失語症のような症状を訴える神経症患者たちだ。彼はこれらの病が患者が考え出すことができなかった過去の出来事の数々と関連していることを示し、患者が意識の彼岸に埋めてしまったことを自由連想を通して想起させる。だが不思議なのは、患者がそのことを思い出し、話をするだけで症状の数々が消えてしまうという事実だ。

この治療の鍵は患者が過去の出来事をどれだけ生々しく再び思い起こすことができるのかにある。そのような反復体験が起きないなら、医師が病に対してどれだけ十分な知識と情報を提供するとしても治療は成功しない。フロイトが治療した「エミー夫人」がそうであった(1)。夫と突然の死別をした彼女はフロイトから治療を受けながらも大きな工場を問題なく経営し、子供たちを立派に育て上げた。だがフロイトが後に付け加えた話を参照してみると、彼女の治療は成功的ではなかったことがわかる。それは彼女が敏感な事項の数々、たとえば性生活について率直な情報を与えなかったことにも原因があるだろうが、わたしが見るところ初期フロイトの相対的に未熟な接近法にも問題があった。

フロイトはたとえば、彼女が「新しいこと」に甚だしい恐れを見せると「新しいことにも良いことがあるものだ」という仕方で説得した。また獣への恐怖心を持った彼女に催眠をかけ、「獣は怖くない」という暗示を与えた。そうして催眠が終わってフロイトが未だに獣が怖いのかと尋ねると彼女は「怖くはない」と語ったが、それからこのように付け加えたという。「だって、先生がそのようにおっしゃるのですから」(2)。表面上はフロイトの言葉に順応したものの、その返答とは異なって獣に対する彼女の恐怖は治癒されてはいなかったのだ。だれよりもフロイトがこのことをよく知ることになった。そのとき、彼は症状の根源になった来歴を明るみに出すことなく医師の権威によって暗示をかけて問題を解決することはできないということを悟った。そして一般的知識を伝える仕方ではどんな効果も収めることはできないと語ることになった。

どんなに大きな権威をもった人の言葉であるとしても、そしてその言葉がどんなに正しいものだとしても、患者が体験できなかったことにはどんな効果もない。先に語ったように、治療の鍵は患者が現在の症状を誘発した過去の事件へとたち戻ることにあり、そこで患者はその事件を過去とは異なった仕方で体験し直さなければならない。すなわち、過去を反復するのだが、それを異なった仕方でおこなうということが核心だ。ところが考えてみるならば、治療だけではなく「悟らせること」一般がそうだ。過去に自分が犯したことをそのままに思い浮かべるのだが、それを異なった仕方で感じ、異なった仕方で接することができるとき、はじめてわたしたちは何かを悟ったと言うことができるのだから。

要するに、正しい言葉はひたすら正しい言葉であるのみだ。それがわたしのものになるためには、わたしの中でふたたび体験されねばならない。わたしがわたしの仕方で体験しなかった言葉とは、ただ単に宙を漂う情報に過ぎない。世間には相も変わらず正しい言葉を探し求める人々が後を絶たないが、わたしは世間に正しい言葉が不足しているとは思わない。ただ、それがあてもなくあちこちへ漂流しているだけだ。

最近、「よく売れる先生」方の人文学講演会場には人々があふれるという。本も多く、講演も多い。だが、その大部分の言葉はみなが使っては捨てる、しまいには使ってみることもされずに捨てられる商品のようになってしまった。だれかから良い言葉を聞いたなら、少なくとも一度は自分の声でそれをふたたび聞かねばならない。その時にだけ、それは自分の血となる。「高みへ登る考えなら、君たち自身の脚を使うことだ！」(3)ツァラトゥストラが自分を救ってくれとやってきた者たちに投げかけた言葉だ。確かにそうだ。自分の脚で登ることのない山とは風聞や見せ物としてのみ存在する山だ。だから、山に登ろうとするなら自ら登るほかない。

こうして本を締めくくってみると、世に送り出した言葉の数々が結局のところわたし自身に戻ってくることを感じる。わたしは自分の言葉をどれだけ体験したのか？　わたしの文章は本当にわたしの血で書いたものなのか？　今この瞬間、わたしは限りなく恥ずかしい。だが、だから何だと言うのか？　恥ずかしさを率直に告白して努力するほかに。哲学する者が最後まで手放してはならず、最後まで愛さねばならない運命があの問いであるからだ。

註

（1）ヨーゼフ・ブロイアー、ジークムント・フロイト、金関猛訳『ヒステリー研究』、ちくま学芸文庫、二〇〇四、一七五―一七三頁

（2）同書、一六二頁

（3）フリードリッヒ・ニーチェ、吉沢伝三郎訳、「高等な人間について」『ツァラトゥストラ（下）ニーチェ全集10』、ちくま学芸文庫、一九九三、二一七九頁

訳者あとがき

本書は二〇一四年にメディチメディアから出版された《철학자와 하녀 : 매일매일을 사라가는 마이너리티의 철학》の全訳です。

この本を翻訳しながら、たびたび思い浮かんだやや堅い言葉があります。それは、「シニシズムへの批判」というものです。けれどもこの言葉は、なにかうまく掴みようのないものとしてわたしの頭のなかでこだましていました。それはいまから考えると、それまでにわたしがこの言葉について持っていたイメージがこの本のなかで見事に解体されてしまったためだということがわかります。もちろんある本をどう読むかは読者一人ひとりに全的に委ねられています。とはいえ、この本に魅せられたひとりの読者がいかにしてそれをいまあなたの目の前に流れている言語に移すことを願うにいたったのかを少しでも明らかにするために、まずこの言葉をわたしが現在どう理解するようになったのかについてお伝えしておくのも悪くはないだろうと思います。

まずはじめに、ここで問題とされる「シニシズム」、あるいは冷笑主義とはなにも、悪意を持った他者に対する攻撃としてイメージされるものに限られはしないということに注意を喚起したいと思います。ここで著者が思考しようとする問題はむしろ、その「根」に関わるものだと言ってよいものです。すなわち、著者が接近しようとするのは一言で「言葉の空転」という問題、もはや当然過ぎて問題としてあらためて認識されすらしないほど、わたしたちの生に深く根を下ろしてしまった問題です。「正しい」ことに対する露骨な冷笑が他者を傷つけることまでも厭わないとき、大きな倫理的問題と化すことは指摘するまでもありません。けれども、著者が診断するシニシズムの根、あるいはその本質はより深いものなのです。

「シニシズム」という問題の本質がこうして「言葉の空転」の次元において捉えられるとき、この本においてなされている「批判」のかたちもまた浮かび上がってきます。そしてこのとき、それはわたしたちが通常思い浮かべるそのイメージとは程遠いものになっていることに気が付きます。このことはまず批判の対象について言えるでしょう。いま、批判は批判される者の「無能力」に向けられはしないという点が何よりも大切です。問題は決して彼／女が「できない」という点にあるのではないのです。著者がむしろ目を留めるのは、他者に対する冷笑の底にある、自己に対する冷笑、つまり自己自身の放棄という契機です。自己自身に対する無視――それこそおそらく、本書が言葉を投げかけようと試みる情動の次元なのです。

こうして、通常個人の無力感に巣食って自らを増殖させるシニシズムに対して、この批判は「あなたに力がないというのには根拠がない」と喝破することによって、その拠って立つ場をもろくも崩壊させてしまいます。批判のスタイルが問題になるのはこの瞬間です。このとき批判は、教師が無知な学生を教育してやるといった啓蒙的な態度を取ることは決してありません。というのも、個人が感じさせられる無力さの根拠のなさが暴かれるとき、同時に開かれるのは「できるかもしれないこと」のあらゆる可能性であり、その前で「教師」は「学生」と同じようにまったくもって無知だからです。ここで批判を発する者に唯一できることといえば、ただ彼／女の力が最大限発揮されるように手助けをすることに過ぎないのですが、それがこの上なく無垢な驚きと喜びに満ちた過程であることは言うまでもないでしょう。

このような「シニシズムへの批判」とは、なんと清々しいものでしょうか？　この社会で生きる過程において否応なく植え付けられてしまう無力感――この感覚を感じたことがある人ならだれでもこの本が言葉をかけることを試みる「マイノリティ」なのです――けれどもそれには根拠がないということ、つまり、わたしたちはわたしたちを、その力をまだちっとも知ってはいないということを教えることなく気づかせるところにこそ、この「批判」の核心はあります。

そしてこの「気づき」こそ、本書において何よりも「哲学」を定義するものなのです。これはもしかすると、特定の学問分野としての哲学に慣れた耳にはぎこちなく響くかもしれません。けれどもいま、学問としての哲学が参照する対象が本のなかにある言葉であり、それが目指すものがさらなる本の、そしてそのなかの言葉の生産であるなら、いわば本書で「哲学」として語ろうとするものが参照する対象とは生そのものであり、それが目指すものもまたその変形にほかならないのです。ですがここで、どうか誤解をなさらないことを願います。というのは、このことは決して実際に本を読むことの価値を否定するものではないからです。ただそれに劣ることなく、この「哲学」は人をして本を読もうと思わせる契機の、つまりまずその人をしてその本に手を伸ばさせたある力――それこそ「気づき」と呼ばれるものにほかなりません――の存在と、その大切さについて問いを提起するものなのです。けれどもひとたび学問としての哲学という枠を離れてみるなら、「知への愛」というその原義にこれほど忠実な「哲学」もあまりないのではないのではないでしょうか？

＊

ここで著者を紹介するのが筋でしょう。高秉權さんについてはわたしの知るかぎり、インパクト出版会から刊行された雑誌『インパクション』や単行本『歩きながら問う』を通して研究共同体〈スユ＋ノモ〉が紹介される際にいくつかの文章が、また雑誌『VOL』で「追放された者たちの帰還」という文章が翻訳されているほかは（この文章はインターネット上で確認することができます）、まとまったかたちでの紹介は今回の単著翻訳がはじめての試みとなるだろうからです（研究空間〈スユ＋ノモ〉についてはどうか第一章の※一を参照してください）。

けれども、高秉權さんをどう紹介したら良いのだろう？　そう思っていくつかの彼の本の著者紹介を眺めてみると、それぞれの本によって自らを表す言葉が違っていることに気づきました。一番最近出た本の著者紹介には、「哲学は学問（科学）ではなく生の問題でありおこないだと信じる哲学者」とあります。「知を態度によって、まなざしによって、言葉遣いによってあらわにし、自らを絶え間なく彫刻していく人」、とも。あるいは、もう少しどの本にも現れる内容を記すなら、「大学制度の外の研究共同体、研究空間〈スユ＋ノモ〉でマルクス、ニーチェ、スピノザ、魯迅などを仲間と一緒に読み、学びながら生きている人」、という言葉が目に入ります。

人を紹介するというのはいつでも難しいものですが、高秉權さんの場合はとりわけそうだと言えるかもしれません。とりわけ、特定の大学に所属することなく「研究者」、と自らを語るのだけでも結構な勇気がいる――いや、そもそもそんなこと自体が想像し難い日本のような社会では。（ちなみにこれまでの著作には、ニーチェと関連して『ニーチェの危険な本、ツァラトゥストラはこう語った』、『アンダーグラウンド・ニーチェ』など、博士論文をもとにした『貨幣、魔法の四重奏』、韓国でのさまざまな社会運動と関連しては『「生きていこう」』、『追放と脱走』など、さらに『民主主義とは何か』、『考えるということ』といったものがあるように、「研究者」という名に値するだけの仕事は十分になさっているということも念のため付記しておきたいと思います。）

だから、肩書きあるいはあれこれの研究業績によってその人のことをわかったと思ってしまうことをやめるなら、まずは文章に、とりわけその文体に触れることが一番の早道だと言えるかもしれません。ですがこんな一般論を置いた上で、それでもなお訳者の特権として一言で著者を紹介するなら、彼の定義をもとに「哲学する人」とでも言えるでしょうか――けれども、どうかここではすっかり肩の力を抜いてこの「哲学」という言葉に接していただければと思います。先に述べたように、本書で「哲学」とは何よりも「気づき」のことであり、日々を懸命に、そしてできることならより良く生きようとするあらゆる人に開かれているものだからです。

＊

この本を翻訳することになった経緯についても簡単に記しておきたいと思います。二〇一四年の春、まだ言葉もままならない状態で交換留学のためにソウルにやってきたとき、大学院の先輩の申知瑛さんが「スユノモ」を紹介してくれました。当時、スユノモは李珍景さんがいる「スユノモN」と高秉権さんがいる「スユノモR」があったのですが（それぞれ「N」は「ノマディスト」を、「R」は「レボリューション」の頭文字をあらわしています）、わたしは「スユノモR」が位置していた下町の雰囲気あふれる解放町《ヘバンチョン》が一度で好きになり、以降、特別な用もなしにここに足繁く通うことになりました。そこで『哲学者と下女』を高秉権さんから贈られたのですが、これを夏休みに一日に一編ずつ、韓国語の勉強を兼ねる気持ちで読み進め、読み終わった後は空いた時間に気軽に（そして楽しく！）翻訳していました。そして一通り翻訳が終わった時点で大学院の指導教官である鵜飼哲さんにお話をしたところ、インパクト出版会とつなげていただくことになりした。だから、はじめて読んだ韓国語の本を翻訳し、さらに出版されることにもなったというわけで、これは文字通り「有難い」ことであるに違いありません。

章タイトルに表現されている通り、章ごとにおおまかなテーマは設定されているものの、基本的には一つひとつの文章は完結しているため、どの文章から読んでも良いかたちになっています。気になったタイトルからぜひ、読み進めていただければと思います。ただ、当初はある企業のHPに掲載されるために書かれた文章であるためにかなり大衆的なのが（たとえば第一章「「傍にいてあげること」の存在論」はもともと、ある労働ストライキの現場を念頭に書かれた文章であったのですが、このことにはあえて言及されてはいません）、後半になるにつれて韓国現代史にも深く切り込んだより政治的内容が現れることも付け加えておきます。

なお、この本は原著において脚注はありませんでした。これは読み進めやすさを考慮して、そして著者がアメリカ滞在中に主に書かれたという物理的条件もあってのことです。それを今回、もし自分が読者であったらという感覚をもとに著者にお願いしてできる限り明らかにしてもらったものの、不十分な点があるのは否めません。脚注の有無が文章のさまたげにはならないと思いますが、あらかじめ理解を乞うておきたいと思います。

＊

プロローグにもあるように、この本を構成する数々の短い文章は匿名のだれかへの「手紙」のように綴られています。易しく簡潔に、あたたかく、そしてとびっきりの親愛をもって。このことは、かつて日本の周縁、筑豊の炭鉱町から革命を起こすことを夢見た谷川雁という詩人が語ったことを思い浮かばせます。けれども谷川雁が六〇年代なかばで一度筆を折ってしまったのに対して、それから半世紀も過ぎた二〇一〇年代も後半に差しかかる現在という時間においてなお「書きたいだれか」を思い浮かべることができるということについて、わたしは最初、うらやましいと感じずにはおられませんでした。確かに、あらゆる手紙がそうであるように、高秉權さんの文章は「わたしたち」という言葉が主語であることが多いようです。

けれども、このわたしもまた、そんな「だれか」をどうしようもなく胸に抱いてしまっていたのではないだろうか？　だからこうしていたずらに言葉を重ねているのでは？　こうしてこの本の翻訳を終えようとしているいま、わたしはそんな思いを消すことができません。それは、すでにどうしようもなく「わたし」のうちに棲みつき、その一部でもある、無力感と冷笑にまみれた「だれか」でもあり、同時にそのような者を高みから批判し、嘲笑する「だれか」でもあることでしょう。「わたし」はまた、つねにすでに「わたしたち」でもあるのだということの意味に、今更ながら気づかされるのはこのためです。

あとがきという場を借りてこれまで表現してきた、わたしがこの本を、あるいはこの「手紙」を読んで受け取ってしまったメッセージの多くは、錯覚の産物にほかならないかもしれません。それはまずきっと、抗いようもなく「誤読」であることでしょう。けれどもひとたび手紙を受け取ってしまった以上、どんなに不器用なかたちであっても応答したいと願わずにはいませんでした。受け取ってしまったメッセージを、贈りたい、共有したいと思う「だれか」がいたために。こうして宛先のない「手紙」とは、どれだけ法外な贈り物でしょうか。けれどもわたしはいまも、このかけがえのない贈り物に魅了され続けているのです。この文章を前にしているあなたにとっても、この本がそんな贈り物となることを願うばかりです。

最後になってしまいましたが、幾人かについてはより具体的なかたちで感謝を伝えたいと思います。まず、この本の著者である高秉權さん。わたしはこの法外な贈り物を前に、ほとんど言葉を失ってしまいます。知と生という問題を、その身をもって、つまりそのまなざしを、言葉遣いを、態度を通してあらわしてくれたことに対する感謝は言葉で表現するに余りあります――それでもここに感謝の言葉を刻み込んでおくのは、不足を覚悟の上でのことです。大学院の先輩である申知瑛さん。「スユノモ」を紹介してくださったことの恩はもちろん、その鋭くも愛情溢れる助言にはいつも背中を押されてきました。大学院の指導教官である鵜飼哲さん。まずはインパクト出版会を紹介していただいたことに感謝をお伝えしたいですが、その移り変わる情勢のただ中で物事の本質をまなざそうとする姿勢にはいつも大きな刺激を受けています。翻訳について初期から色々と、今思うとあまりに細かい部分までもきさくに相談に乗ってくれた影本剛さん、急なお願いにもかかわらず必要な資料を送っていただいた高橋梓さんにも心から感謝の気持ちをお伝えいたします。インパクト出版会の深田卓さんにはいつも素早く的確な対応をしていただき、有難いばかりでした。出版に関わるのが初めてのわたしとしてはまったくすべてが学ばされる過程でした。そして、日本で、また韓国でこれまでわたしが出会ってきた数々の人々。誇張ではなく、そのなかのひとりでもいなければ、同じかたちでこの本が存在することはありませんでした。最後に、一番身近だからこそその有難さを忘れてしまいがちな、日本に住む家族、とりわけなんの干渉もせずに育ててくれた両親と、そして日々の一進一退をともに生きている韓国で一緒に暮らす友人に、深く感謝を捧げます。

二〇一七年二月一二日　南山の麓、解放町《ヘバンチョン》にて

今津有梨

著者
高秉權（コ・ビョングォン）
「生」と「知」の問題について考える人。
生の変形と移行を生む、そんな「気づき」を可能にする知について考え、この問いを自らの身を通して生きることを試みる人。
ソウル大学化学科卒業後、同大学院社会学科で博士課程修了。
◆著書
『ニーチェの危険な本、ツァラトゥストラはこう語った』(2003)、『貨幣、魔法の四重奏』(2005)、『追放と脱走』(2009)、『考えるということ』(2010)、『民主主義とは何か』(2011)、『アンダーグラウンド・ニーチェ』(2014)、『「生きていこう」』(2014)、『ダイナマイト・ニーチェ』(2016) など多数。

訳者
今津有梨（いまづゆり）
森崎和江の初期作品に魅かれて大学院に入り、彼女の文章『非所有の所有——性と階級覚え書』について修士論文を書いた。
一橋大学大学院言語社会研究科博士課程に在籍中。

哲学者と下女
日々を生きていくマイノリティの哲学

2017年3月20日　第1刷発行

著　者　高　秉　権
訳　者　今　津　有　梨
発行人　深　田　　卓
装幀者　宗　利　淳　一
発　行　インパクト出版会
〒113-0033　東京都文京区本郷2-5-11　服部ビル2F
Tel 03-3818-7576　Fax 03-3818-8676
E-mail：impact@jca.apc.org
http:www.jca.apc.org/~impact/
郵便振替　00110-9-83148

モリモト印刷